INSTRUCTION

DU

PROCUREUR DU ROI

PRÈS LE TRIBUNAL DE PREMIÈRE INSTANCE

DU DÉPARTEMENT DE LA SEINE,

A MESSIEURS LES OFFICIERS DE POLICE JUDICIAIRE,

SES AUXILIAIRES.

Sur l'imprimé de Paris, format grand in-4.º

CASTRES,

IMPRIMERIE DE J.es VIDAL.

1822.

Paris, le 28 Juin 1821.

LE PROCUREUR DU ROI
DU DÉPARTEMENT DE LA SEINE,

A Monsieur DERROUCH, Procureur du Roi,
à Castres.

MONSIEUR LE PROCUREUR DU ROI,

« J'AI reçu la lettre que vous m'avez fait l'honneur
« de m'écrire, par laquelle vous me demandez mon
« assentiment sur la réimpression que vous vous proposez
« de faire faire de l'Instruction que j'ai adressée,
« le 1.er Janvier 1817, à MM. les Officiers de police
« judiciaire du département de la Seine. Votre demande
« m'est singulièrement agréable.

« Veuillez, MONSIEUR LE PROCUREUR DU ROI,
« agréer, etc.

« JACQUINOT-PAMPELUNE, signé. »

INSTRUCTION

DU

PROCUREUR DU ROI

PRÈS LE TRIBUNAL DE PREMIÈRE INSTANCE

DU DÉPARTEMENT DE LA SEINE,

A Messieurs les Officiers de Police judiciaire,

SES AUXILIAIRES;

Rédigée de l'avis du Parquet, et approuvée par M. le Procureur général près la Cour Royale de Paris (1).

Messieurs,

Cette lettre n'a point pour objet de vous faire une exposition complète des obligations que vous avez à remplir comme officiers de police judiciaire. Je me propose seulement d'y relever plusieurs inexactitudes qui se sont manifestées depuis quelque temps dans le service de la police judiciaire, de vous en indiquer le remède, et de rendre ce service plus régulier et plus uniforme. Pour ajouter quelqu'utilité à

---

(1) Depuis la première édition de cette Instruction, qui a été envoyée le 1.er janvier 1817, M. le Procureur du Roi y a fait des changemens. On les trouvera ici.

Instruction. 1

mes observations, j'y joindrai les formules des principaux actes que vous avez à dresser.

J'entre sur le champ en matière.

DISTINCTION DES CONTRAVENTIONS,
DES DÉLITS ET DES CRIMES.

Vous ne perdrez pas de vue, MESSIEURS, qu'aujourd'hui, dans le langage de la loi, le mot de *contravention* désigne un fait de simple police, punissable, soit d'une amende de 15 fr. ou au-dessous, soit d'un emprisonnement de cinq jours ou au-dessous; que par *délit*, on doit entendre les faits de police correctionnelle, qui sont punis d'un emprisonnement au-dessus de cinq jours, ou d'une amende au-dessus de 15 fr., et que les *crimes* sont les faits qui emportent contre les coupables une peine afflictive ou infamante.

RECHERCHE DES CONTRAVENTIONS.

FONCTIONS DES OFFICIERS DE POLICE JUDICIAIRE
CHARGÉS DE CETTE RECHERCHE.

§. 1.er *Fonctions des Maires, Adjoints et Commissaires de police.*

L'article 11 du Code d'Instruction criminelle charge MM. les Maires, Adjoints et Commissaires de police de recevoir, comme officiers de police judiciaire, les rapports, dénonciations et plaintes qui concernent toutes les contraventions, même celles qui sont placées sous la surveillance spéciale des Gardes forestiers et

champêtres, de rechercher et de constater ces
contraventions.

MM. les Adjoints n'ont pas besoin d'une délé-
gation pour remplacer, à cet effet, le Maire
absent, malade, occupé à d'autres fonctions
ou empêché.

Dans les communes divisées en plusieurs
arrondissemens, les Commissaires de police ne
peuvent, aux termes de l'article 12, se refuser
à rechercher et constater les contraventions
commises hors de leur arrondissement particulier.

§ 2. *Fonctions des Gardes champêtres et forestiers.*

L'article 16 charge les Gardes champêtres et
forestiers de rechercher, chacun dans le terri-
toire pour lequel il est nommé et assermenté,
les contraventions, et *même les délits* qui ont
porté atteinte aux propriétés rurales et forestières.

Assimilés à la force publique, les Gardes
champêtres et forestiers doivent en outre, d'après
le même article, conduire devant le Juge de
paix, le Maire ou l'Adjoint, tout individu par
eux surpris en flagrant délit, ou dénoncé par
la clameur publique, quand le délit emporte
emprisonnement ou plus forte peine. A cet effet,
ils se font donner main-forte par le Maire ou
l'Adjoint qui ne peut s'y refuser.

Il n'est pas dans les fonctions des Gardes
champêtres et forestiers de désarmer les individus prévenus de délit de chasse ou d'infraction aux lois sur le port d'armes : ils doivent,
dans ces cas, se borner à dresser procès-verbal.

DEVOIRS DES OFFICIERS CHARGÉS DE LA RECHERCHE DES CONTRAVENTIONS.

§ 1.er *Rédaction des dénonciations, plaintes rapports et procès-verbaux.*

Les dénonciations, plaintes, rapports et procès-verbaux énoncent d'une manière claire et précise :

1.º La nature et les circonstances des contraventions ;

2.º Le temps et le lieu où elles ont été commises ;

3.º L'évaluation du dommage, surtout quand c'est le dommage qui règle l'amende ;

4.º Les preuves et indices à la charge des prévenus ;

5.º Les noms, professions et demeures des plaignans, des témoins, s'il en existe, et des contrevenans s'ils sont connus ; l'âge des contrevenans, quand à raison de l'âge, leurs parens sont civilement responsables ; les noms, professions et demeures des personnes soumises à la responsabilité civile résultant de la contravention ;

6.º Les Gardes forestiers désignent en outre l'essence des arbres arrachés, coupés, écorcés ou détruits en délit, la grosseur précise des arbres, etc.

7.º Les procès-verbaux contiennent également la mention de la saisie et mise en fourrière des bestiaux, animaux, voitures, instrumens et objets dont la loi ordonne la saisie ou le séquestre. Cette mise en fourrière s'effectue comme il sera dit ci-après.

Tous ces détails sont nécessaires, soit pour

bien déterminer la compétence, soit pour que l'on puisse, sans obstacle ni retardement, citer les contrevenans devant le tribunal de police.

Dans l'énonciation du temps de la contravention, il ne faut jamais omettre *l'heure*, surtout quand l'heure est une circonstance aggravante ou atténuante, susceptible de modifier la nature même du fait, ou d'avoir quelqu'influence sur l'application du *maximum* ou du *minimum* de la peine.

Quant aux autres circonstances, elles sont trop nombreuses pour en donner des exemples. On évitera toute omission à cet égard, en faisant une lecture attentive et en se pénétrant de toutes les dispositions de la loi, qui prévoit la contravention que l'on est appelé à constater.

Je ne puis recommander trop d'exactitude dans la rédaction et les formalités des procès-verbaux : ces actes sont ordinairement *les seuls élémens* d'après lesquels les tribunaux de police peuvent apprécier et juger les contraventions ; en sorte que de leur régularité et de leur suffisance dépend essentiellement la bonne administration de la justice en cette matière.

§ 2. *Timbre et enregistrement des procès-verbaux, etc.*

Aux termes du § 1.er de l'article 70 de la loi du 22 frimaire an 7, relative à l'enregistrement, tous les rapports et procès-verbaux de contravention doivent, sans exception, être visés pour timbre et enregistrés en *debet* dans les quatre jours.

Quant aux plaintes et dénonciations, la loi prescrit de les dresser sur papier timbré, et les soumettre à l'enregistrement.

§ 3. *Affirmation des procès-verbaux des Gardes champêtres et forestiers.*

Les procès-verbaux des Gardes champêtres et forestiers doivent, *sous peine de nullité*, être affirmés, dans les vingt-quatre heures, devant le Juge de paix du canton; en cas d'empêchement, devant l'un de ses suppléans, ou en cas d'empêchement de ceux-ci, devant le Maire ou l'Adjoint de la commune où résident les Gardes.

L'article 18 du Code d'Instruction criminelle prescrit au fonctionnaire qui a reçu l'affirmation d'un procès-verbal dressé par les Gardes forestiers de l'administration, des communes et des établissemens publics, de m'en donner avis dans la huitaine.

§ 4. *Assistance du Juge de paix, etc., aux visites domiciliaires des Gardes.*

Lorsque les Gardes champêtres et forestiers suivent dans le lieu où elles ont été transportées, les choses enlevées en délit, l'article 16 du Code d'Instruction criminelle leur défend de s'introduire dans les maisons, ateliers, bâtimens, cours adjacentes et enclos, hors la présence, soit du Juge de paix ou de son suppléant, soit du Maire, Adjoint ou Commissaire de police.

Ces fonctionnaires ne peuvent refuser de déférer à la réquisition des Gardes, et de signer le procès-verbal de perquisition, sans s'exposer aux peines portées par les arrêtés du Gouvernement, des 4 et 26 nivôse an 5. Loin de s'y refuser, ils doivent, au contraire, diriger et protéger les Gardes dans leur opération.

§ 5. *Cas où la visite est à faire dans une autre commune.*

Si les objets suivis par les Gardes ont été transportés dans la commune voisine, les Gardes qui ont déjà procédé, doivent s'entendre avec ceux de cette commune, afin d'effectuer la perquisition qu'ils ne sont plus compétens pour faire eux-mêmes.

§6. *Les procès-verbaux ne peuvent être faits sur simples renseignemens.*

On ne peut pas rédiger un procès-verbal de contravention sur de simples renseignemens ou sur des rapports de quelque personne que ce soit, car un tel acte serait radicalement nul; il renfermerait même un véritabl faux, si, n'y mentionnant pas qu'il est rédigé ar de simples renseignemens ou rapports, l'o cier de police paraissait avoir personnellement constaté la contravention.

§ 7. *Obligation de constater les contraventions dénoncées.*

En cas de plainte, dénonciation ou rapport d'une contravention, quand la contravention a besoin d'être constatée et que surtout elle intéresse l'ordre, la sûreté ou la salubrité publiques, l'officier qui a reçu l'un de ces actes, doit se transporter de *suite* sur les lieux.

§ 8. *Nécessité de dresser séparément procès-verbal de chaque contravention, à moins de connexité.*

Il ne faut pas confondre dans le même procès-verbal, comme quelques officiers de police le

pratiquent, des contraventions commises par
plusieurs contrevenans, à moins qu'elles ne soient
connexes. Cette confusion choquante jette des
embarras dans les citations, dans les rôles d'audience, dans les débats, dans la prononciation
du jugement et dans la perception de l'enregistrement.

Cependant pour éviter un inconvénient contraire, qui naîtrait de la multiplicité des actes,
quand des contraventions *de même espèce*,
comme, par exemple, des contraventions relatives à la propreté de la voie publique, sont
constatées en même temps, on peut ne dresser
qu'un seul procès-verbal, même quand il y aurait
plusieurs contrevenans, en ayant soin de les y
dénommer tous et d'énoncer les circonstances
qui seraient particulières à chacun d'eux.

§ 9. *Égalité dans la recherche des contraventions.*

Il faut être attentif à constater les contraventions avec un soin égal dans les diverses parties
d'une commune, ou dans les différens quartiers
de la capitale. L'inégalité de surveillance produit de graves inconvéniens. Il en résulte dans
des lieux souvent très-rapprochés, une disparate
frappante relativement au maintien de la propreté,
de la salubrité et de la sûreté de la voie publique.
La justice semble avoir deux poids et deux
mesures, et ceux qui sont réprimés se plaignent
avec raison de l'impunité des contrevenans voisins. Chaque Commissaire de police doit d'ailleurs
tenir à n'être et à ne paraître ni moins surveillant
ni moins équitable que le Commissaire du quartier prochain.

Par exemple, votre devoir, MESSIEURS, est
de veiller tous avec une égale exactitude à

l'exécution des lois et ordonnances qui prescrivent pour les jours de dimanches et fêtes, la suspension des travaux et la fermeture des boutiques ; car la négligence qui serait apportée à constater dans une commune ou dans un quartier les contraventions à ces lois, serait nuisible aux intérêts des habitans des communes ou des quartiers dans lesquels on réprimerait ces contraventions avec une juste sévérité ; ce qui deviendrait la source d'un abus extrêmement grave.

§ 10. *Arrestation non autorisée.*

Aucune contravention ne peut donner lieu à arrestation, même quand la loi prononcerait l'emprisonnement de simple police. On ne peut pas non plus arrêter l'inculpé dans le cas de délits correctionnels qui n'entraînent qu'une amende.

§ 11. *Abus de certains certificats.*

Un procès-verbal une fois dressé, appartient à la justice, et non à l'officier de police qui l'a rédigé : celui-ci ne doit jamais se permettre d'en atténuer ensuite l'effet au moyen de certificats ou attestations arrachés par l'importunité ou accordés par la complaisance.

§ 12. *Seuls frais exigibles.*

Lorsqu'une plainte est rendue, on ne peut exiger du plaignant que le remboursement du papier timbré et de l'enregistrement, si l'avance en a été faite ; se faire payer d'autres frais, serait une concussion. On ne doit pas non plus se permettre de délivrer des expéditions ; le greffier du tribunal de police peut seul en faire délivrance, en se conformant aux formalités et au tarif établis par la loi.

§ 13. *Composition des Gardes champêtres et forestiers avec les contrevenans et délinquans, concussion grave.*

J'ai lieu de craindre que quelques Gardes champêtres ou forestiers n'aient exigé ou reçu des contrevenans et même des délinquans une rétribution, moyennant laquelle ils se seraient abstenus de dresser procès-verbal. *C'est une concussion très-grave.* Je recommande à MM. les Juges de paix, Maires et Adjoints de tenir sévèrement la main à la réformation d'un pareil abus, et de m'en informer s'il se renouvelle, afin que je poursuive les concussionnaires avec toute la rigueur de mon ministère.

§ 14. *Envoi des procès-verbaux, rapports, etc.*

La répression des contraventions ne devant pas éprouver de retard, la remise ou l'envoi des procès-verbaux doit, selon les articles 15, 18 et 20 du Code d'Instruction criminelle, être fait directement *dans les trois jours,* savoir : par les Commissaires de police de Paris, à ceux de ces officiers qui exercent le ministère public près le tribunal de police de la capitale; par les Maires ou Adjoints des communes, à celui d'entr'eux ou au Commissaire de police qui exerce le même ministère près le tribunal de police du canton ou de la commune; par les Gardes forestiers de l'administration, des communes et des établissemens publics, au Conservateur, Inspecteur ou Sous-Inspecteur forestier; et par les Gardes champêtres des communes et les Gardes champêtres et forestiers des particuliers, au

Commissaire de police du chef-lieu de la justice de paix, ou au Maire, s'il n'y a pas de Commissaire de police.

Il en est de même de l'envoi et de la remise des rapports, dénonciations, plaintes, informations et renseignemens qui concernent les contraventions.

JUGEMENT DES CONTRAVENTIONS.

Constitués en tribunal de police selon les règles et distinctions établies par le chapitre I.er du titre I.er du livre II du Code d'Instruction criminelle, MM. les Juges de paix, Maires, Adjoints et Commissaires de police concourent au jugement des contraventions.

L'exercice de cette partie essentielle de leurs fonctions, a laissé beaucoup à désirer dans quelques lieux, et m'a suggéré les observations suivantes.

OBSERVATIONS COMMUNES AUX TRIBUNAUX DE POLICE, PRÉSIDÉS PAR MM. LES JUGES DE PAIX, ET A CEUX PRÉSIDÉS PAR MM. LES MAIRES.

COMPÉTENCE DE CES TRIBUNAUX.

§ 1.er *Ils ne peuvent connaître que de faits punissables.*

L'autorité et le devoir du juge se bornant à l'application de la loi, là où la loi ne détermine ni ne prononce aucune peine, le tribunal de police ne peut en appliquer.

Néanmoins, lorsqu'il s'agit d'une contravention à un réglement administratif rendu *en matière de police municipale*, ce réglement ne prononçât-il aucune peine contre l'infraction, il faut appliquer les peines *de simple police*, parce que ces peines, dans le cas de contravention à de tels réglemens, sont de droit, d'après les articles 3 et 5 du titre XI de la loi du 24 août 1790, et de l'art. 46 du titre I.er de celle du 22 juillet 1791.

Les peines portées par les anciens réglemens de police antérieurs à 1790, et qui sont supérieures à celles de police, se réduisent aux peines de simple police toutes les fois que l'objet de ces réglemens rentre dans ceux qui sont soumis à la surveillance de l'autorité municipale, par le titre XI de la loi du 24 août 1790. Dans ce cas, comme dans celui du précédent alinéa, la peine de police, si elle n'est pas réglée par le Code Pénal ou par une loi spéciale, est celle fixée par les articles 600, 606 et suivans du Code des Délits et des Peines, qui ne sont point abrogés en cette partie.

§ 2. *Le* maximum *de la peine règle la compétence des tribunaux de police.*

Le *maximum* de la peine prononcée par la la loi réglant la compétence, les tribunaux de police ne peuvent connaître que des infractions dont les peines n'excèdent pas 15 fr. d'amende ou cinq jours d'emprisonnement, qu'il y ait ou non confiscation des choses saisies, et quelle qu'en soit la valeur. Ainsi toutes les fois qu'aux termes de la plainte, de la dénonciation, du procès-verbal ou rapport, ou que, d'après le résultat des débats, il y a lieu d'appliquer une peine dont le *maximum* excède cinq jours de prison ou 15 fr. d'amende, le tribunal de police est incompétent. Il est tenu de se désaisir, lors même que le *minimum* de la peine est de cinq

jours de prison ou de 15 fr. d'amende ou au-
dessous, et que le juge a l'intention de n'appliquer
que le *minimum*, parce que son incompétence
est absolue, et que le consentement même des
parties ne saurait lui conférer un pouvoir que
la loi a refusé.

Néanmoins, lorsqu'il s'agit d'une contravention à un réglement administratif rendu *en matière
de police municipale*, en vertu des articles de
la loi du 24 août 1790 ci-dessus cités, le tribunal
de police est compétent, quand même les peines
portées par ce réglement excéderaient celles de
simple police : seulement, comme on l'a dit
dans le paragraphe précédent, le tribunal de
police, dans ce cas, ne prononce que des peines
de simple police.

§ 3. *Les tribunaux de police doivent faire exécuter les réglemens de police.*

Au surplus, les tribunaux de police doivent,
en punissant les coupables, assurer l'exécution
des réglemens administratifs rendus *en matière
de police municipale*.

Ils ne peuvent ni interpréter ni modifier ces
réglemens.

Ils ne peuvent se refuser de les faire exécuter,
sur le motif que le contrevenant a pris une
mesure analogue à celle prescrite par les réglemens administratifs; sur l'allégation *non justifiée*
que le Maire ou autre autorité administrative,
a suspendu l'exécution des réglemens; ou sous
le prétexte que les réglemens faits par le Maire,
réglemens qui sont toujours provisoirement exécutoires, n'auraient pas été homologués par
l'autorité supérieure.

§ 4. *Incompétence des tribunaux de police,*
relativement aux faits forestiers qui intéressent
l'administration forestière.

Par une exception spéciale, les tribunaux de
police sont incompétens pour connaître de tout
fait forestier, quand la poursuite est exercée à
la requête ou dans l'intérêt de l'administration
forestière, même quand la peine encourue serait
une peine de simple police; dans le cas d'une
telle poursuite, l'article 179 du Code d'Instruction criminelle attribue au tribunal correctionnel la connaissance exclusive de toutes les
infractions aux lois forestières qui n'ont pas
le caractère de crimes.

§ 5. *Compétence des tribunaux de police en cas*
de contraventions connexes.

Enfin, les tribunaux de police statuent *en*
même temps sur toutes les contraventions connexes, parce que ce qui est connexe ne forme,
en quelque sorte, qu'un fait indivisible. Or, les
contraventions sont connexes, soit lorsqu'elles
ont été commises en même temps par plusieurs
personnes réunies; soit lorsqu'elles ont été commises par différentes personnes, même en différens temps et en divers lieux, mais par
suite d'un concert formé à l'avance entr'elles;
soit lorsque les coupables ont commis les unes
pour se procurer les moyens de commettre les
autres, pour en faciliter, pour en consommer
l'exécution, ou pour en assurer l'impunité.

Si cependant une contravention de laquelle
peut connaître le tribunal de police présidé par
le Maire, est connexe à une contravention dont
                                             la

la connaissance est exclusivement attribuée au tribunal de police présidé par le Juge de paix, le Maire est obligé de se déclarer incompétent, et de renvoyer le tout au Juge de paix.

Si une contravention est connexe à un crime ou délit, le Juge de paix ou le Maire doivent se déclarer incompétens, et renvoyer aux Juges chargés d'instruire sur le crime ou le délit.

Il n'y aurait lieu de retenir le jugement dans ces divers cas, qu'autant que le crime, le délit, ou la contravention dont la connaissance exclusive appartiendrait au Juge de paix, auraient été jugés sans qu'il eût été statué sur la contravention connexe, parce qu'alors la raison d'indivisibilité, qui formait seulement une incompétence relative, ne subsisterait plus.

FORMALITÉS ET DISPOSITIONS DES JUGEMENS.

§ 1.er *Citation.*

La citation est donnée avec les délais prescrits par l'article 146 du Code d'Instruction criminelle. Quoiqu'il ne soit pas nécessaire qu'elle contienne l'exposé du fait, il faut cependant qu'elle énonce pour quelle contravention les parties sont citées. Elle contient aussi la désignation précise des prévenus, plaignans et témoins, pour empêcher toute équivoque, et éviter des frais inutiles causés par la nécessité de remettre l'affaire et de donner de nouvelles citations.

§ 2. *Remise inutile ou indéfinie, déni de justice.*

Les tribunaux de police sont dans l'obligation de juger immédiatement toutes les affaires portées devant eux. Accorder une remise sans des motifs extrêmement graves, ou renvoyer la cause

Instruction. 2

à un délai indéterminé, serait un vrai déni
de justice qui exposerait le Juge aux plaintes
des parties, à la censure de ses supérieurs, et
aux justes reproches de sa conscience.

§ 3. *Débats*.

Les débats sont suivis conformément aux articles 153, 155, 156, 157 et 158 du Code d'Instruction criminelle.

En conséquence, le prévenu ne peut être
acquitté sans qu'on ait entendu les témoins cités
ou appelés par la partie publique ou par la
partie civile. Le tribunal ne se dispense de les
entendre, qu'autant que le simple exposé du
fait rend l'incompétence du tribunal évidente.

L'audition des témoins doit être orale : on
ne peut se borner à lire leurs dépositions écrites.
La loi prescrit de les entendre même quand,
n'ayant pas été cités, ils sont amenés volontairement par les parties.

Les témoins qui ne comparaissent pas et ne
justifient pas d'excuse, encourent les peines portées par les articles 80 et 157 du même Code,
contre les témoins défaillans. En cas d'un second
défaut, ils sont contraints, par corps, à venir
donner leur témoignage.

§ 4. *Procès-verbaux faisant foi jusqu'à inscription de faux*.

Suivant l'article 154 du Code d'Instruction
criminelle, les tribunaux de police ne peuvent,
à peine de nullité, admettre le prévenu à faire
preuve outre ou contre le contenu aux rapports
ou procès-verbaux des officiers de police ayant
reçu de la loi le pouvoir de constater les contraventions jusqu'à inscription de faux. Le ministère

public ne doit pas non plus appeler de témoins
pour soutenir ces procès-verbaux.

§ 5. *Procès-verbaux faisant foi jusqu'à la preuve contraire.*

Quant aux procès-verbaux dressés par les
officiers de police qui n'ont pas le même pouvoir, d'après le même article, ils font foi jusqu'à la preuve contraire, et il y aurait lieu
d'annuller ou de casser le jugement qui, sur
la simple dénégation du prévenu et sans qu'il
eût produit aucune preuve contraire, aurait
jugé insuffisante la preuve résultant de ces procès-
verbaux.

§ 6. *Emprisonnement, amende.*

Les peines ne peuvent être prononcées que
telles qu'elles sont portées par la loi.

D'après l'article 465 du Code Pénal, l'emprisonnement dans les cas de police où la loi le
prononce, ne peut être moindre d'un jour :
et un jour d'emprisonnement est un jour complet de vingt-quatre heures.

Selon l'article 466, l'amende ne peut pas non
plus être inférieure à un franc.

§ 7. *Contrainte par corps.*

La condamnation à l'amende, aux restitutions,
indemnités et frais, se prononce par corps contre
le prévenu, aux termes des articles 467 et
469 du Code Pénal.

§ 8. *Confiscation.*

L'article 470 autorise, dans les cas déterminés
par la loi, à confisquer soit les choses saisies
en contravention, soit les choses produites par

la contravention, soit les matières ou instrumens qui ont servi ou qui étaient destinés à la commettre.

§ 9. *Récidive.*

Les articles 474, 478 et 482 portent des peines plus graves en cas de récidive; et l'article 483 dispose qu'il y a récidive pour les contraventions prévues par le Code, toutes les fois qu'il a été rendu contre le contrevenant, dans les douze mois précédens, un premier jugement pour une contravention commise dans le ressort du même tribunal de police.

§ 10. *Observation des lois et réglemens non abrogés.*

L'article 484 prescrit de continuer d'observer les lois et réglemens qui régissent les matières particulières que le Code Pénal n'a pas réglées.

§ 11. *Responsabilité civile.*

L'article 74 du Code Pénal et les autres dispositions relatives à la responsabilité civile, doivent être appliqués aux personnes civilement responsables, et l'on ne doit pas oublier *qu'à moins d'un texte formel de la loi*, la responsabilité civile ne s'étend pas aux peines, et par conséquent point à l'amende.

§ 12. *Jugemens par défaut.*

La partie non comparante est jugée par défaut sur le vu du procès-verbal, ou d'après l'audition des témoins.

§ 13. *Oppositions aux jugemens par défaut.*

L'opposition que la partie défaillante forme

après les trois jours de la signification du jugement par défaut, n'est plus recevable d'après
les articles 150 et 151 du Code d'Instruction
criminelle. L'opposition emporte de plein droit
citation à la première audience du tribunal,
qui a lieu après l'expiration des délais; si l'opposant ne comparaît pas, son opposition est déclarée non avenue, conformément à l'article 151.

Quand l'action est intentée par la partie privée
et que les témoins n'ont pas été cités pour
déposer dans les nouveaux débats qui doivent
toujours avoir lieu sur l'opposition du prévenu
comme lors du premier jugement, le ministère
public ne prend l'initiative et n'appelle les témoins à sa requête que dans le cas où la vindicte publique est intéressée.

§ 14. *Dispositions, motifs, rédaction et signature des jugemens.*

Pour les dispositions, les motifs, la rédaction
et la signature des jugemens, il faut se conformer aux articles 159, 160, 161, 162, 163, 164
du Code d'Instruction criminelle, et ne pas
oublier que l'observation de l'article 163, relatif
aux motifs du jugement et à l'insertion de la
loi appliquée, est prescrite *à peine de nullité.*

§ 15. *Amendes arbitraires et hors jugemens,
défendues.*

On m'assure que, sans aucune formalité, sans
aucun jugement, des Maires ou Adjoints impo-
sent à des contrevenans ou délinquans, une
amende que l'on applique mal à propos à la
commune ou aux pauvres. Quoique fait dans
une intention louable, cela est entièrement contraire à la loi. En matière criminelle, même

en matière de contravention, rien ne saurait être arbitraire : imposer une amende sans formalité, ni jugement, est une véritable forfaiture.

MINISTÈRE PUBLIC.

§ 1.er *Nécessité de l'entendre.*

Le ministère public étant partie nécessaire et devant toujours être entendu, le jugement n'est pas valablement rendu sans son assistance; en cas d'absence ou de refus de se présenter, le tribunal de police ne peut donner défaut contre lui, et cet officier est remplacé par une personne capable, d'après la loi, d'en exercer les fonctions.

§ 2. *Indépendance du ministère public.*

Le devoir du ministère public est d'agir et de conclure avec indépendance, et de ne se soumettre à aucune direction ou influence étrangère. Le tribunal, de son côté, n'est pas moins libre dans son jugement. Il peut, selon sa conscience, acquitter ou condamner le prévenu contre l'opinion du ministère public, même quand le ministère public aurait déclaré se désister de la poursuite.

§ 3. *Surveillance du ministère public pour l'exécution de la loi.*

Chargé de veiller au maintien des juridictions et à l'exécution de la loi, le ministère public doit se pourvoir contre les jugemens incompétemment rendus, ou dans lesquels les formes prescrites par la loi *à peine de nullité,* auraient été omises ou violées.

§ 4. *L'exécution des jugemens concerne le ministère public.*

L'exécution des jugemens étant confiée au ministère public, par l'article 165 du Code d'Instruction criminelle, il veille à ce que les condamnés subissent leur peine. Si le jugement prononce une amende, une confiscation ou une condamnation aux frais, il en envoie ou en fait remettre par le greffier un extrait au receveur de l'enregistrement chargé du recouvrement. Si le jugement porte une peine d'emprisonnement, il donne à la gendarmerie ou aux agens de la force publique, un réquisitoire pour effectuer l'arrestation, à moins que le condamné ne veuille se constituer prisonnier. S'il n'existe pas de prison dans la commune ou le canton, le réquisitoire contient l'ordre de conduire le condamné dans une des prisons de Paris, et le condamné y est reçu sur mon *visa*, lequel désigne la prison. (1)

Il est à observer qu'un jugement par défaut ne peut être exécuté qu'après avoir été signifié au condamné et après qu'il a laissé passer les délais d'appel et de pourvoi en cassation, sans attaquer ce jugement. Il faut par conséquent que le ministère public soit exact à faire faire la signification.

Quant aux jugemens contradictoires, ils sont susceptibles d'exécution aussitôt après l'expiration des délais de l'appel, s'ils sont susceptibles d'appel, et du pourvoi en cassation.

_____

(1) Dans les départemens, s'il n'y a pas de prison dans le canton, le condamné peut être conduit dans la maison d'arrêt, à moins qu'une autre prison ne soit désignée par l'autorité compétente. (*Note de l'auteur du recueil.*)

Les uns et les autres seraient exécutoires, même avant l'expiration des délais, si la partie condamnée y consentait formellement.

§ 5. *Envois des extraits de jugemens au Procureur du Roi.*

Conformément à l'article 178 du Code d'Instruction criminelle, les Juges de paix et Maires sont tenus de m'envoyer, au commencement de chaque trimestre, l'extrait des jugemens de police rendus dans le trimestre précédent, et qui ont prononcé une peine d'emprisonnement. Comme le même article me prescrit d'en rendre un compte sommaire à M. le Procureur général, il est nécessaire que l'envoi me soit exactement fait dans les trois jours de l'expiration de chaque trimestre. Si aucun emprisonnement n'a été prononcé, un certificat négatif m'est envoyé dans le même délai.

FRAIS.

§ 1.er *Seules contraventions à poursuivre aux frais de l'État.*

Le ministère public ne poursuit, à sa requête et aux frais de l'État, que les contraventions qui intéressent l'ordre, la sûreté et la salubrité publics. Celles qui intéressent seulement la partie privée se poursuivent à sa requête et à ses frais.

Quand il y a partie civile en cause, et que le prévenu est condamné aux frais, le jugement, d'après l'article 157 du décret du 18 juin 1811, déclare qu'elle sera tenue personnellement des frais faits par l'État, sauf son recours contre le prévenu et contre la personne civilement responsable.

§ 2. *Moyen légal d'épargner les frais.*

Pour épargner les frais, on doit, autant que possible, user, pour les parties et les témoins, de la voie de simple avertissement autorisée par les art. 147, 169 et 170 du Code d'Instruction criminelle.

§ 3. *Timbre et enregistrement.*

Les actes faits et les jugemens, expédiés à la requête du ministère public, sont visés pour timbre, et enregistrés en *debet*. Le coût du papier visé pour timbre et celui de l'enregistrement en *debet* se comprennent dans la liquidation des frais à la charge du condamné, comme si le timbre et l'enregistrement avaient réellement eu lieu.

Les procès-verbaux, actes et exploits faits, et les jugemens rendus ou expédiés à la requête de la partie privée, doivent être timbrés et enregistrés.

§ 4. *Les frais ne sont jamais à la charge de l'officier du ministère public.*

Quoique la partie qui succombe encoure la condamnation aux frais, néanmoins si c'est le ministère public, ils restent à la charge de l'État, et le fonctionnaire qui a exercé ce ministère ne peut, dans aucun cas, être condamné à les supporter personnellement.

§ 5. *Observation des lois sur les frais.*

Dans la taxe des exploits et des actes de greffe, on se conforme à la taxe et aux formalités établies par le décret du 18 juin 1811 et aux autres lois et réglemens qui règlent les frais de justice criminelle. La taxe des témoins se fait au bas de la copie de citation ou de l'avertissement qu'ils sont tenus de représenter : la taxe ne peut être accordée qu'autant qu'elle a été formellement requise par les témoins.

OBSERVATIONS PARTICULIÈRES AUX TRIBUNAUX DE POLICE PRÉSIDÉS PAR LES JUGES DE PAIX.

§ 1.er *Distinction du double caractère de ces fonctionnaires.*

MM. les Juges de paix, constitués en tribunal de police, ne peuvent statuer en même temps sur un point litigieux qui rentre dans leurs attributions comme Juges civils ; ils doivent juger cette partie de la contestation séparément et suivant les formes civiles ; en prononçant sur l'action publique, ils ne peuvent statuer en même temps que sur l'action privée résultant de la contravention et qui est l'accessoire de l'action publique.

Saisis d'une contravention par une citation de la partie privée, où il n'est conclu qu'à une réparation civile, MM. les Juges de paix, constitués Juges de police, ne sauraient se dépouiller de ce dernier caractère et se constituer en tribunal de paix, parce que l'action privée ayant mis en mouvement l'action du ministère public, partie intégrante et nécessaire du tribunal de police, ce tribunal seul a le droit de statuer, après que le ministère public a donné ses réquisitions.

§ 2. *Faculté de faire estimer le dommage.*

L'article 148 du Code d'Instruction criminelle donne au Juge de paix, lorsqu'il en est requis par le ministère public ou la partie civile, la faculté de faire estimer le dommage ; de dresser ou de faire dresser des procès-verbaux ; de faire ou d'ordonner tous actes requérant célérité : ces mesures sont laissées à la prudence du Juge. Dans tous les cas elles s'exécutent le plus simplement et avec le moins de frais possible. Le ministère public ne fait lui-même de réquisition conformément à cet article, que quand la contravention intéresse l'ordre, la sûreté ou la salubrité publics.

OBSERVATIONS PARTICULIÈRES AUX TRIBUNAUX DE POLICE PRÉSIDÉS PAR MM. LES MAIRES.

§ 1.er *Tenue et police de leurs audiences.*

Les tribunaux de police, présidés par MM. les Maires, doivent toujours tenir leurs séances dans la maison commune, et les Membres qui les composent, être revêtus du costume ou du signe caractéristique de leurs fonctions. Le président a soin de faire observer, dans ces tribunaux, le même silence et le même respect que dans tout autre tribunal.

§ 2. *Les tribunaux présidés par les Maires doivent se renfermer dans leurs attributions.*

MM. les Maires doivent être très-attentifs à s'abstenir de juger les contraventions dont l'article 139 du Code d'Instruction criminelle attribue la connaissance exclusive aux Juges de paix.

§ 3. *Observations sur certaines contraventions.*

Il est convenable de ne pas renvoyer aux

Juges de paix les infractions commises par des
habitans ou domiciliés, relativement à la propreté, à la salubrité de leur commune, à la
sûreté de la voie publique, à l'observation
des dimanches et fêtes, etc. Le jugement de
l'autorité locale produit, dans ces divers cas,
un meilleur effet; il se rend avec plus de célérité et à moins de frais.

§ 4. *Nécessité de compléter ces tribunaux.*

Il importe essentiellement que le tribunal de
police soit complet et légalement composé, autrement il ne pourrait juger avec régularité.

En conséquence j'invite MM. les Maires à me
mettre, chaque année, à portée de désigner,
conformément à l'article 167 du Code d'Instruction criminelle, un Membre du conseil municipal, pour remplir les fonctions du ministère
public en l'absence de l'Adjoint, ou lorsqu'il
remplace le Maire comme Juge de police.

Je les invite aussi, aux termes de l'art. 168,
à me proposer un homme intelligent et probe,
pour remplir les fonctions de greffier.

Dans les communes où cette désignation et
cette proposition n'ont pas encore été faites,
elles le seront sans aucun retard.

Le Membre du conseil municipal et le greffier
prêtent serment avant d'exercer leurs fonctions,
autrement ils s'exposent aux peines portées par
l'article 196 du Code Pénal.

RECHERCHE DES CRIMES ET DÉLITS.

Comme officiers de police auxiliaires du Procureur du Roi, MM. les Juges de paix, Officiers
de gendarmerie, Maires, Adjoints et Commissaires de police sont chargés, par les articles

48, 49 et 50 du Code d'Instruction criminelle, de recevoir les dénonciations et plaintes de tous crimes et délits; et, en cas de flagrant délit, de dresser les procès-verbaux, de recevoir les déclarations de témoins, et de faire tous les actes qui tendent à constater le fait et à en rechercher les auteurs.

PLAINTES ET DÉNONCIATIONS.

§ 1.er *Elles doivent être détaillées.*

Les plaintes et dénonciations relatives aux crimes et délits doivent être, s'il est possible, encore plus claires, plus précises, plus complètes que celles qui concernent les contraventions. Je dois y trouver tous les renseignemens nécessaires sur le fait, sur sa nature et ses circonstances, sur les noms, prénoms, professions et demeures des parties et des témoins, s'ils sont connus, afin que je puisse juger de la compétence, et en cas de simple délit, faire citer directement le délinquant au tribunal correctionnel, si je vois que l'affaire n'est pas susceptible d'une instruction préalable.

Pour faciliter l'arrestation des inculpés inconnus, les plaignans et les dénonciateurs donnent le signalement exact de leurs personnes et de leurs vêtemens, sans omettre les signes particuliers qui peuvent rendre ce signalement plus utile à la recherche.

§ 2. *Obligation de recevoir les plaintes et dénonciations.*

Hors le cas où *très-évidemment* la dénonciation ou la plainte n'énoncerait aucun fait réputé par la loi crime, délit ou contravention, l'offi-

cier de police est tenu de la recevoir : refuser
serait un véritable déni de justice. S'il est douteux que les faits articulés constituent un délit,
c'est à la justice seule qu'il appartient de lever
ce doute. L'officier de police ne peut donc refuser
la plainte ou la dénonciation sous le prétexte
que le caractère du fait est douteux; il le peut
encore moins sous le prétexte que la preuve
serait impossible.

§ 3. *Envoi des plaintes, dénonciations et pièces en originaux.*

Les plaintes, dénonciations, procès-verbaux,
informations, interrogatoires et toutes autres
pièces, doivent toujours m'être envoyés en
originaux ; la loi le veut ainsi. C'est donc à tort
que plusieurs de vous dressent ces actes sur
un registre et ne m'en envoient que des expéditions.

Les originaux des pièces sont aussi les *seuls*
élémens des jugemens des tribunaux de simple
police.

FLAGRANT DÉLIT, ET CAS ASSIMILÉ AU FLAGRANT DÉLIT.

Dans tous les cas de flagrant délit, et dans
tous ceux assimilés au flagrant délit, la loi,
Messieurs, impose l'obligation de dresser un
procès-verbal parce que la base de presque
toute procédure criminelle ou correctionnelle
est un procès-verbal constatant les traces du
crime ou du délit.

§ 1.er *Flagrant délit.*

Le flagrant délit (est ici le mot *délit* employé
dans son acception ancienne et générique, s'en-

tend de tout délit proprement dit, ou de tout crime), est celui qui se commet actuellement, ou qui vient de se commettre, et qui est, en quelque sorte, exposé à la vue de tout le monde ; par exemple, lorsqu'une maison vient d'être incendiée, ou qu'un homme vient d'être homicidé ou blessé sur la voie publique, ou lorsqu'il arrive une émeute, ou lorsqu'enfin la personne lésée, les témoins et le prévenu sont encore sur les lieux.

Il y a aussi flagrant délit, lorsque le prévenu est poursuivi par la clameur publique, ou que, dans un temps voisin du délit, il est trouvé saisi d'effets, armes, instrumens ou papiers faisant présumer qu'il est auteur ou complice de l'infraction commise. Dans ce cas, l'arrestation du coupable, ou la saisie de pièces de conviction sur sa personne, dans un temps rapproché du délit, rendent le fait aussi patent que dans le cas du flagrant délit proprement dit.

§ 2. *Cas assimilé au flagrant délit.*

Le cas assimilé au flagrant délit, est celui où, s'agissant d'un crime ou délit, même non flagrant, commis dans l'intérieur d'une maison, le chef de la maison requiert l'officier de police auxiliaire de le constater. Dans ce dernier cas, qui se présente fréquemment, comme c'est *la réquisition* du chef de la maison, c'est-à-dire, du propriétaire, principal locataire ou locataire particulier, qui fonde la compétence de cet officier, *il est essentiel et indispensable d'en faire mention.*

PROCÈS-VERBAUX HORS LE CAS DE FLAGRANT DÉLIT, ET POUR FAITS PUREMENT CORRECTIONNELS.

Quoique la loi ne semble vous charger, Messieurs, de dresser des procès-verbaux qu'en cas de crimes et de flagrant délit, cependant l'usage introduit par la nécessité veut que vous en dressiez aussi hors le cas de flagrant délit, et même quand il s'agit seulement d'un fait correctionnel. Si vos procès-verbaux, dans ce cas, paraissent n'avoir pas la même force, ils servent au moins de renseignemens. Il arrive souvent d'ailleurs qu'un fait qui, dans le principe, n'a paru que correctionnel, est reconnu un véritable crime par la preuve ultérieure de circonstances aggravantes qui avaient échappé aux premières recherches. Il est donc essentiel que, *dans tous les cas*, vos procès-verbaux soient faits et rédigés avec le même soin.

On ne peut jamais se dispenser de dresser procès-verbal sous le prétexte que la preuve serait impossible, ou que le prévenu serait inconnu, parce que les preuves qui manquaient peuvent s'acquérir par la suite, et que le prévenu peut être découvert un jour.

PREMIÈRES RECHERCHES.

Les recherches les plus promptes sont les plus fructueuses : le moindre retard peut faire disparaître des indices souvent fugitifs. Lorsque l'officier de police auxiliaire a négligé de constater le fait, ou qu'en le constatant il a omis de recueillir des indices essentiels, cette omission est presque toujours sans remède. Aussi, Messieurs, ces premières recherches exigent-elles

elles tout votre zèle, toute votre activité, toute votre attention.

Un crime ou un délit vous sont-ils déférés, vous devez vous transporter sans retard sur les lieux ; en décrire scrupuleusement l'état ; vous saisir des armes, des instrumens et de tout ce qui aurait servi à commettre le crime, des objets suspects que le prévenu aurait abandonnés ou bien oubliés, des choses qui seraient le produit du crime, ou qui pourraient servir à la manifestation de la vérité ; entendre les personnes lésées, si elles n'ont pas encore porté plainte ou si elles ont de nouvelles explications à fournir ; recevoir les déclarations des personnes présentes qui auraient des renseignemens à donner ; appeler au procès-verbal les parens, voisins, amis, domestiques, ou tous autres présumés en état de donner des éclaircissemens ; rechercher et entendre en leurs déclarations les personnes qui, dans des instans rapprochés du délit, auraient rencontré ou vu rôder le prévenu dans le lieu ou aux environs du lieu de l'infraction ; appeler les personnes qui, par leur art ou profession, sont capables d'apprécier la nature du fait et ses circonstances ; défendre, si cela est nécessaire, à qui que ce soit, de sortir de la maison ou de s'éloigner des lieux jusqu'après la clôture du procès-verbal, de peur que l'indiscrétion ou la connivence ne trahissent le secret de vos opérations ; faire comparaître devant vous le prévenu, en vertu d'un mandat d'amener, s'il est connu ou suffisamment désigné ; l'interroger sur l'emploi de son temps avant, pendant ou après le délit, sur le délit même et ses circonstances ; vérifier sur-le-champ ses réponses ; le confronter, s'il est utile, aux plaignans, aux témoins ou aux

autres prévenus; vous saisir, au moment même
de son arrestation, des armes, instrumens,
effets et papiers qui auraient rapport au délit
ou qui seraient suspects; faire sans délai perquisition dans ses divers domiciles, dans ceux de
ses concubines ou de ses affidés, dans les lieux où
il aurait une retraite ou un dépôt d'effets; vous
y saisir également de tous instrumens, armes ou
objets suspects; représenter au prévenu les choses saisies, soit sur le lieu du délit, soit sur sa
personne, soit dans son domicile, soit chez ses
concubines ou ses affidés; le faire expliquer sur
ces choses, sur la possession qu'il en aurait eue
ou l'usage qu'il en aurait fait; appeler et entendre
en leurs déclarations les personnes qui pourraient
déposer de cette possession ou de cet usage, celles
de qui le prévenu tiendrait ces choses, ou qui
les auraient seulement aperçues dans ses mains
peu d'instans avant le délit; recueillir des hommes de la force publique qui ont été appelés
sur les lieux ou qui ont concouru à l'arrestation,
ou de toutes autres personnes, les aveux ou
discours suspects qui seraient échappés au prévenu sur le lieu du délit, lors de son arrestation, au corps-de-garde ou pendant sa translation
devant l'officier public; approfondir sans délai
les relations qui existeraient entre lui et les
personnes avec qui il aurait prié de le laisser
communiquer; vérifier, surtout en cas de vol,
la légitimité de la possession des reconnaissan-
ces du Mont-de-Piété, saisies chez le prévenu
ou sur sa personne; constater avec les mêmes
détails les autres crimes et délits connexes ou
non connexes, que les recherches feraient découvrir; veiller à ce que le prévenu ne jette
ou ne détruise des pièces à conviction ou des

objets suspects, et ne communique avec personne; désigner, autant que faire se pourra, les noms, prénoms, âges, professions et domiciles des parties lésées, des personnes inculpées, des témoins, des hommes de la force publique, et des experts, afin qu'en procédant à l'instruction on puisse les retrouver et les appeler facilement; vous faire donner par les plaignans, dénonciateurs et témoins, et consigner dans la procédure le signalement exact et détaillé de la personne et des vêtemens des inculpés non arrêtés, avec l'indication des signes particuliers qui rendraient le signalement plus frappant, afin de faciliter la recherche et de donner plus de poids à la reconnaissance ultérieure des inculpés par ces diverses personnes; interpeller de même le prévenu sur le signalement des complices dont il aurait parlé dans ses aveux; enfin, recueillir scrupuleusement tous les indices, tous les renseignemens relatifs à la passion ou à l'intérêt qui auraient déterminé le crime : tel est, Messieurs, le sommaire des principales opérations que vous avez à faire; opérations qui doivent être effectuées avec ordre et détail, et consignées avec clarté, précision et concision, en vous servant, autant que possible, des expressions des plaignans, dénonciateurs, témoins et prévenus, et en employant toujours les termes techniques des experts.

CÉLÉRITÉ INDISPENSABLE.

En vous livrant, Messieurs, aux opérations que la loi vous confie, vous n'oublierez pas que c'est dans le premier moment du délit que la vérité tout entière se manifeste. Le plaignant dans l'émotion causée par le tort qu'il vient d'éprouver, les témoins dans l'indignation dont le fait les pénètre, s'expliquent avec franchise et vérité. La justice n'est pas encore entravée par les conseils d'une pitié malentendue, par les sollicitations, et par une foule de considérations préjudiciables à la société. Le temps effaçant bientôt les premières impressions produites par le délit, il serait à craindre, si le fait n'était pas promptement constaté, qu'on ne cherchât par la suite ou à le déguiser ou au moins à l'atténuer, en en dissimulant ou dénaturant les circonstances. Quant au prévenu, interrogé sur-le-champ, dans le trouble inséparable de son arrestation, il n'a ni la faculté ni le temps de résister à l'ascendant de la justice, de préparer une défense artificieuse, ou de se concerter avec ses complices. Vous devez donc, sans aucune remise, entendre le dénonciateur ou le plaignant, les témoins, le prévenu, et ne pas désemparer que votre opération ne soit consommée. *En cas de flagrant délit, il importe, à votre arrivée, de vous faire désigner les témoins, et d'empêcher qu'ils ne s'éloignent.* L'expérience prouve qu'une fois éloignés, soit indifférence, soit répugnance, soit encore crainte d'être détournés de leurs occupations, loin de venir offrir leur témoignage à la justice, ils s'efforcent de rester inconnus.

OBSERVATIONS RELATIVES AUX AGENS DU GOUVERNEMENT ET A CERTAINS FONCTIONNAIRES INCULPÉS DE CRIMES OU DÉLITS.

Hors le flagrant délit, il est des cas où il faut, Messieurs, vous abstenir de faire arrêter, et d'interroger le prévenu. Ce sont ceux où, s'agissant d'un crime ou délit commis par un agent

du Gouvernement dans l'exercice de ses fonctions, il faut préalablement obtenir l'autorisation de poursuivre cet agent. Ce sont encore
ceux où certains fonctionnaires désignés par la
loi, ne peuvent être arrêtés, et leur procès
instruit et jugé, que selon des formes spéciales,
ou par des magistrats spécialement chargés de
procéder et de juger. Dans ces divers cas, pour
ne pas laisser perdre la trace du fait, vous devez,
comme à l'égard des autres crimes et délits,
faire toute l'instruction préliminaire, jusques et
non compris l'arrestation et l'interrogatoire du
prévenu.

IMPARTIALITÉ RECOMMANDÉE.

Du reste, Messieurs, dans quelques circonstances que vous procédiez, vous n'oublierez
pas, sans doute, que dans l'impartialité de
votre ministère, vous avez à recueillir tout ce
qui est à la décharge comme ce qui est à la
charge du prévenu. Si la société nous prescrit
la rigoureuse obligation d'employer tous nos
efforts à la recherche du crime, il nous impose
le devoir bien plus impérieux encore d'user de
tous nos moyens pour découvrir l'innocence
et lui épargner une injuste et flétrissante per-
sécution.

OBSERVATIONS SUR CERTAINS CRIMES
ET DÉLITS.

Il serait difficile de vous indiquer toutes les
choses qu'il est nécessaire de faire, de constater ou de recueillir; les circonstances varient
avec chaque espèce de fait et avec chaque fait
en particulier. Je me bornerai donc à vous

retracer quelques règles ou observations générales sur les crimes et délits les plus importans
ou qui peuvent se reproduire le plus souvent.

CRIMES CONTRE LA SURETÉ DE L'ÉTAT.

Je ne vous parlerai pas des crimes qui me-
nacent la sûreté extérieure ou intérieure de l'État.
Heureusement ces crimes sont rares, et dans
la capitale, rien n'échappe à une police active
et vigilante. Je n'ai, relativement à ces crimes,
qu'une observation à vous faire; c'est que vous
ne devez pas prendre sur vous seuls l'événement de la recherche et de l'arrestation des
coupables, et que, tout en commençant à procéder avec la plus grande circonspection pour
ne pas laisser perdre la trace du fait, *vous
devez, sans le plus léger retard, avertir l'autorité supérieure.*

CRIS ET ACTES SÉDITIEUX.

Il est des infractions qui, sans avoir le même
degré d'importance et de gravité que ces crimes,
n'en doivent pas moins éveiller la sollicitude
des magistrats qui concourent au maintien de
l'ordre; ce sont les cris séditieux et les provo-
cations à la révolte. Ces infractions, qui, grâces
à une salutaire sévérité, deviennent de jour en
jour moins fréquentes, seraient de nature à
troubler la tranquilité publique, à ébranler la
fidélité des sujets du Roi; on ne saurait donc
déployer contre les coupables une trop active
répression. Lorsque vous avez à constater une
de ces infractions, vous devez avoir la loi
pénale sous les yeux et vous attacher à rechercher et à constater scrupuleusement dans vos
procès-verbaux tout ce qui doit servir, d'après

cette loi, à caractériser le fait, et par conséquent à fixer la compétence et à régler l'application de la peine.

FAUSSE MONNOIE, FAUX EN EFFETS PUBLICS, EN ÉCRITURE PUBLIQUE ET PRIVÉE.

La fausse monnoie, la contrefaction des sceaux
de l'État, des billets de banque et des effets
publics, sont au nombre des crimes les plus
importans, après ceux qui intéressent la sûreté
de l'État.

Dans la recherche de ces crimes, on doit
principalement s'efforcer de découvrir le lieu
où sont déposées les pièces fausses déjà fabriquées, celles en fabrication, les sceaux et timbres
faux, les instrumens, métaux, papiers et autres
matières et objets qui servent à la contrefaction, et saisir le tout après une description
très-détaillée.

Quand, n'ayant pas réussi à s'assurer de tous
les coupables, et principalement des auteurs
de la fabrication, on n'a saisi qu'un simple
distributeur ou agent subalterne, la loi charge
l'officier de police judiciaire d'obtenir de ces
derniers d'utiles renseignemens, en leur repré-
sentant qu'ils sont exempts de la peine encourue,
s'ils procurent l'arrestation des autres coupables.

Dans le cas des autres crimes ou délits de
faux, il y a nécessité de se faire représenter
et de saisir la pièce fausse, parce qu'en elle
réside le corps du délit, et que, sans cette
pièce, il ne peut être fait aucune vérification
d'écriture ou autre. Il faut aussi rechercher ou
se faire remettre des pièces d'écriture, tant de
la personne dont l'écriture ou la signature ont
été contrefaites, que du prévenu, afin de servir

de pièces de comparaison. Les pièces sous signatures privées ne pouvant être admises comme pièces de comparaison, qu'autant qu'elles sont reconnues par les parties, on préfère les pièces qui sont authentiques. Les écrits sous signatures privées ne sont nécessaires que quand il a été impossible de se procurer des pièces authentiques, ou que ces pièces ne présentent pas assez d'élémens de comparaison. Parmi les pièces sous signatures privées, on choisit celles qui paraissent les moins susceptibles de contestation ou de suspicion, et qui ont été écrites dans le temps le plus voisin du délit.

Lorsque les pièces de comparaison sont des registres publics ou des minutes d'actes authentiques, leur déplacement ne s'effectue que dans les cas où cela est permis par la loi, et en observant les formalités qu'elle a prescrites.

HOMICIDE.

HOMICIDE INVOLONTAIRE; HOMICIDE VOLONTAIRE OU MEURTRE; HOMICIDE PRÉMÉDITÉ OU DE GUET-A-PENS, QUALIFIÉ ASSASSINAT.

§ 1.er *État du cadavre, des lieux, des pièces de conviction, etc.*

Les homicides, par leur gravité, sont celles des infractions qui commandent le plus de zèle dans la recherche.

En cas d'homicide ou de mort violente ou subite pouvant faire soupçonner un homicide, il est indispensable de décrire l'état des lieux; celui des fermetures ou clôtures, si le fait s'est passé dans un lieu fermé ou clos; l'état et la position du cadavre; l'état des vêtemens dont il est couvert; la nature, la situation et l'état

des instrumens, armes, objets ou papiers trouvés
près du cadavre ou dans un lieu voisin.

Si, avant l'arrivée de l'officier public, le cadavre et les meubles ou les autres objets qui
étaient à sa proximité, ont été dérangés, si les
armes, instrumens, effets ou papiers dont l'individu homicidé était porteur, ou qui se sont
trouvés près de lui, ont été enlevés, l'officier
public s'empresse de faire rétablir les choses
dans leur premier état, de les faire replacer,
s'il est possible, par les personnes mêmes qui
les ont dérangées, et si cela est impossible, de
faire expliquer ces personnes sur l'état où elles
se trouvaient; il constate le tout.

Il ne faut pas surtout négliger de parler du
sang qui souillerait les vêtemens, armes, instrumens et autres choses appartenant au défunt
ou au prévenu. Dans tous les cas, et surtout
quand le prévenu est nanti de ces objets, on s'en
saisit et on les conserve, comme toutes autres
pièces de conviction, en prenant les précautions
prescrites par l'article 38 du Code d'Instruction
criminelle.

Si des traces de sang font présumer que
l'attaque ou l'homicide ont été commis dans
un lieu, et que la victime a fui ou qu'elle a
été traînée dans le lieu où gissait le cadavre,
on constate ces traces. Si des indices font présumer que le défunt s'est défendu, on les recueil-
lera très-soigneusement, et l'on vérifiera si le
prévenu n'aurait pas sur sa personne ou sur
ses vêtemens des marques de cette défense.

Quand le jour ou l'heure de la mort ne sont
pas bien connus, il faut rechercher et constater
quel est le dernier moment où le défunt a été
vu, et si l'on a entendu partir du lieu où gît

le cadavre, du bruit, des cris ou des plaintes qui paraîtraient se rapporter à l'instant de la mort.

Enfin l'officier de police employe tous ses moyens pour rechercher et constater si l'homicide ne présenterait aucune infraction à la loi ; si, au contraire, ayant été commis par maladresse, imprudence, défaut de précaution, inattention, négligence ou inobservation des réglemens de police, il aurait le caractère d'un délit correctionnel ; si, étant volontaire, il constituerait un crime de meurtre ; si, ayant été prémédité ou exécuté de guet-à-pens, il aurait le caractère de l'assassinat.

§ 2. *Vols ou autres crimes et délits commis en même temps que l'homicide.*

Il ne faut pas omettre de rechercher et de constater les vols ou autres crimes ou délits dont le meurtre ou l'assassinat aurait été précédé, accompagné ou suivi, parce que la complication du fait le rend plus grave, et détermine, en cas de meurtre, une peine différente et plus forte.

§ 3. *Circonstances destructives ou atténuantes du crime d'homicide.*

S'il est allégué que l'homicide a été commis pour la légitime défense de soi-même ou d'autrui, par exemple, en repoussant, *pendant la nuit*, l'escalade ou l'effraction des clôtures, murs ou entrées d'une maison ou de ses dépendances, ou en se défendant contre des vols ou pillages effectués avec violence ; s'il est allégué que l'homicide est excusable, en ce qu'il aurait été commis pour repousser, *pendant le jour,* ces mêmes escalades ou effractions, ou qu'il aurait été provoqué par des coups ou violences graves envers les personnes, l'officier de police judiciaire recherche scrupuleusement et constate tous les faits et indices qui tendent à vérifier ou à démentir ces diverses allégations.

§ 4. *Armes prohibées ; fabricateurs et distributeurs de ces armes.*

Quand les armes qui ont servi à commettre l'homicide sont des fusils ou pistolets à vent, tromblons, poignards, cannes ferrées, plombées ou à dard, ou toutes armes prohibées par la loi et par les réglemens de police, il faut en rechercher le fabricateur et le débitant, parce qu'ils sont punissables.

Si l'inculpé est détenteur d'armes de guerre, dont la possession lui serait interdite par l'ordonnance royale du 24 juillet 1816, ces armes sont saisies, et le procès-verbal en fait mention, l'inculpé, devant, pour cette infraction, être traduit au tribunal correctionnel.

§ 5. *Vérifications médico-légales.*

L'officier de police se fait aider, s'il y a lieu, dans ses recherches, par des docteurs en médecine ou en chirurgie, connus par leur probité et leur capacité. Les simples officiers de santé ne peuvent être appelés que concurremment avec un docteur ; la loi ne présumant pas en eux le même degré d'instruction, leur rapport n'aurait ni la même autorité, ni la même force légale. Dans les cas difficiles, il est prudent d'appeler toujours deux docteurs.

L'officier public doit toujours être présent

à l'ouverture et à l'examen du cadavre, exiger que tout s'exécute avec la plus scrupuleuse exactitude, et faire consigner, dans le rapport des gens de l'art, les observations que l'expérience de ces sortes d'opérations lui suggère, relativement à la présomption d'intention, de volonté et de préméditation, qu'on peut tirer de l'arme ou instrument dont le coupable s'est servi, de la situation, de la direction, du nombre et de la gravité des blessures qui ont causé la mort.

Dans tous les cas, principalement dans ceux où il est nécessaire de savoir si l'homicidé était habillé lors de l'événement qu'il s'agit de constater, on rapproche des blessures les trous ou coupures observés à ses vêtemens; et pour constater que les armes ou instrumens perçans trouvés soit sur le lieu du délit, soit dans les environs, soit sur la personne ou dans le domicile du prévenu, sont ceux qui ont servi à donner la mort, les hommes de l'art examinent le rapport de ces instrumens ou armes tant avec les blessures de l'homicidé, qu'avec les trous et coupures de ses vêtemens.

Le rapport des hommes de l'art doit être clair, précis et suffisamment détaillé. Ils s'expliquent, avant tout, sur l'état extérieur du cadavre. En général, et sauf les cas d'urgence, il ne faut pas, dans le premier moment, les autoriser à en faire l'ouverture : *cette opération importante peut et doit presque toujours être retardée jusqu'au moment où le procès-verbal m'est remis, et où je puis, soit la prescrire, soit permettre l'inhumation, selon les circonstances.*

§ 6. *Confrontation du prévenu au cadavre.*

Quand on le peut, on confronte au cadavre le prévenu ou les individus soupçonnés. Cette confrontation produit quelquefois des aveux, ou fait naître des observations qu'il est utile de recueillir. Cette mesure est commune aux cas d'infanticide et d'empoisonnement dont je vais parler.

INFANTICIDE.

L'infanticide, trop souvent impuni, est un crime très-difficile à constater, et qui exige l'attention la plus rigoureuse. Les hommes de l'art ont à examiner si l'enfant est né à terme, s'il a vécu, de quel genre de mort il a péri. L'officier de police fait aussi vérifier si la prévenue est accouchée, et si le temps de cet accouchement se rapporte à celui de la naissance et de la mort de l'enfant. Il recherche si l'on a entendu les cris de l'enfant; il saisit, dans le domicile ou sur la personne de la prévenue, les linges, hardes et objets annonçant un accouchement récent, et s'informe auprès des parens, voisins, domestiques de la prévenue ou autres qui la connaissent, si sa grossesse a été apparente, ou si elle a été cachée ou niée par la prévenue. Il est nécessaire encore de vérifier si quelque parent de la prévenue ou toute autre personne ne l'aurait pas provoquée au crime, ou même ne l'aurait pas aidée et assistée.

EMPOISONNEMENT.

La recherche de l'empoisonnement veut aussi une très-grande sagacité. L'officier de police s'attache à connaître par qui les poisons, les mets ou liqueurs empoisonnés ont pu être fournis, et par qui ces mets et liqueurs auraient été apprêtés ou présentés avec le poison à la personne empoisonnée ; il s'empare des matières vénéneuses, des mets et liqueurs infectés de poison ou soupçonnés de l'être, des vases non encore nétoyés qui les ont contenus et des matières déjetées par la personne à qui le poison a été donné. S'il y a lieu de procéder à l'ouverture du cadavre, soit parce que je l'aurai prescrite, soit dans les cas très-rares où l'on aura été obligé de recourir à cette opération avant de m'en prévenir, on se saisit des matières solides et liquides renfermées dans l'estomac et les intestins, on s'empare même des viscères, et l'on renferme le tout dans des vases exactement fermés et scellés du sceau de l'officier de police judiciaire. Cet officier ne doit pas souffrir que l'ouverture et l'examen du cadavre se fassent hors de sa présence ; son devoir lui défend aussi de se désaisir des poisons, ainsi que des mets, liqueurs, viscères et objets qui en sont atteints, même pour les confier aux médecins, chirurgiens, chimistes et pharmaciens requis pour en faire l'examen. Il faut que cet examen s'effectue devant lui et par des experts habiles et probes ; qu'il ait soin de conserver, autant que possible, une partie des poisons et des matières qu'il s'agit d'analyser, afin que l'on puisse, au besoin, réitérer les expériences lors de l'instruction ultérieure ou du jugement ; qu'enfin, il m'envoie promptement tous ces objets que la putréfaction pourrait altérer au point de rendre impossible un nouvel examen.

Vente des poisons en contravention.

Dans le cas où les poisons auraient été achetés, on vérifie si celui qui les a vendus est
autorisé à en débiter, ou s'il s'est conformé
aux précautions prescrites par la loi pour le
débit des matières vénéneuses, parce que, dans
le cas de la négative, le contrevenant est punissable correctionnellement.

SUICIDE.

Si une mort violente paraît avoir été l'effet
d'un suicide, il n'en faut pas moins recueillir
avec soin les circonstances qui ont précédé,
accompagné ou suivi cette mort. L'état du cadavre, la description des instrumens qui ont procuré
la mort, la déposition des témoins, toutes les
preuves enfin sont consignées dans le procès-
verbal comme en cas d'homicide. Les hommes
de l'art décident, d'après le genre de la mort,
la nature, le nombre, la situation et la gravité
des blessures, si la personne décédée a pu se
donner elle-même la mort. L'officier de police
recueille, de son côté, tout ce qui peut éclai-
rer la justice sur ce point. Si la personne suicidée a laissé, comme cela arrive fréquemment,
un écrit explicatif de sa mort, on a la plus
grande attention, non-seulement de recueillir
cet écrit, mais encore de rechercher et d'annexer
au procès-verbal d'autres pièces d'écriture de
la main du défunt, afin qu'elles servent de pièces
de comparaison; on saisit, de préférence, les
pièces authentiques; mais on ne néglige pas les
écritures privées. Si les pièces de comparaison
sont des registres publics ou des minutes d'actes
authentiques, on se conforme, pour le dépla-

cement de ces pièces, à ce qui en a été dit
ci-dessus en parlant du crime de faux. Si l'on
ne trouve pas de pièces de comparaison, ou
si elles sont insuffisantes, il est nécessaire d'entendre des témoins pour reconnaître l'écrit
relatif à la mort. Toutes ces précautions sont
indispensables afin de s'assurer que cet écrit
est de la main du défunt, et pour empêcher toute
fraude qui tendrait à dissimuler un crime.

MORT PUREMENT ACCIDENTELLE OU SUBITE.

Dans le cas où l'on est appelé à constater
une mort que l'on considère comme purement
accidentelle ou subite, l'on doit s'attacher toujours à décrire, avec la plus grande exactitude,
l'état du cadavre; se faire assister à cet effet
par les gens de l'art; recevoir leur rapport;
veiller à qu'ils examinent scrupuleusement si
le cadavre ne présenterait pas quelques lésions
extérieures ou autres signes de mort violente;
entendre les personnes qui déposeront des circonstances de la mort; en un mot, ne rien
négliger pour qu'à la vue du procès-verbal, je
puisse permettre l'inhumation, ou prescrire les
opérations supplétives que je crois nécessaires.

OBSERVATIONS COMMUNES AUX DIVERS GENRES DE MORT A CONSTATER.

Indépendamment des observations particulières que je viens de faire sur chaque espèce
d'homicide ou de mort à constater, il en est
d'autres qui leur sont communes.

§ 1.er *Reconnaissance du cadavre.*

Ainsi, quelle que soit la cause de la mort,
pour assurer l'identité de la personne décédée,
on

on fait reconnaître son cadavre par ses parens ou par les personnes qui l'ont connue.

§ 2. *Cadavres inconnus.*

Lorsque la personne homicidée, empoisonnée, suicidée, morte accidentellement ou subitement, est inconnue, on décrit, avec le plus minutieux détail, sa taille, ses traits, la couleur de ses cheveux, les cicatrices et signes qui pourraient par la suite servir à la reconnaissance de cette personne. Ses vêtemens, les écrits imprimés ou non, même les écrits indifférens, tous les objets enfin trouvés sur le cadavre ou près de lui, sont aussi très-soigneusement désignés et conservés. Je n'ai pas besoin d'ajouter que, pour parvenir à la reconnaissance de la personne du défunt, le cadavre, les vêtemens et les autres objets doivent rester, pendant un certain temps, exposés aux yeux du public dans les lieux destinés à cet effet.

§ 3. *Renseignemens à recueillir pour l'acte de décès.*

Le procès-verbal de l'Officier public étant destiné à servir de fondement à l'acte de décès, on doit, en toute espèce de mort, et soit d'après les actes et pièces trouvés sur le défunt ou dans sa demeure, soit d'après la déclaration des plaignans ou dénonciateurs, la déposition des témoins et les interrogatoires du prévenu, recueillir et consigner tous les renseignemens nécessaires pour la rédaction de l'acte de décès. Ces renseignemens sont transmis *de suite* à l'Officier de l'état civil, conformément à l'article 82 du Code Civil.

§ 4. *Scellés à apposer.*

Si les héritiers sont mineurs ou absens, et dans les autres cas où la loi prescrit d'apposer les scellés, l'Officier qui constate la mort, donne avis du décès au Juge du paix ; si c'est le Juge de paix lui-même qui procède, il appose de suite les scellés.

§ 5. *Inhumations précipitées, ou sans autorisation.*

Quand l'inhumation a eu lieu, l'Officier de police judiciaire vérifie si elle a été faite après le délai fixé par la loi et avec l'autorisation de l'Officier public. Une inhumation précipitée fait naître des soupçons, et est, quelquefois, un indice de mort violente. Le défaut d'autorisation est un délit correctionnel.

Le délai fixé pour l'inhumation ayant été établi pour prévenir les dangers qu'entraînerait la précipitation, l'Officier de police judiciaire contreviendrait lui-même à la loi, si, dans les cas où la mort n'est pas *de toute évidence*, et où il n'existe aucun danger pour la salubrité publique, il faisait procéder à l'ouverture du cadavre avant l'expiration de ce délai.

§ 6. *Recélé de cadavres.*

Si le cadavre d'une personne homicidée a disparu ou est trouvé caché, il importe de rechercher par qui il a été enlevé ou caché, parce que le recélé du cadavre d'une personne homicidée ou morte des suites de coups et blessures, constitue un délit correctionnel, et peut faire suspecter d'ailleurs une coopération à l'homicide ou aux blessures.

§ 7. *Nécessité d'obtenir, pour l'inhumation, l'autorisation du Procureur du Roi.*

Toutes les fois qu'il y a signes ou indices d'homicide, d'infanticide, d'empoisonnement, ou de toute autre mort violente, subite ou accidentelle, ou qu'enfin il se fait une levée, un examen ou une ouverture de cadavre, quelle que soit la cause de la mort, parût-elle naturelle, purement accidentelle, ou produite par un suicide, comme la police judiciaire est seule compétente pour prononcer sur toute mort suspecte ou extraordinaire, l'inhumation ne peut s'effectuer sans la permission que j'en donne sur le vu du procès-verbal qui m'est envoyé *immédiatement* avec un extrait de cet acte, en marge duquel j'inscris la permission.

Cependant, lorsqu'il y a urgence, à cause de la putréfaction, MM. les Officiers de police judiciaire des communes rurales, après avoir constaté l'état du cadavre et les causes de la mort, peuvent permettre eux-mêmes l'inhumation, à la charge de m'en prévenir *sur le champ* en m'envoyant leurs procès-verbaux, *et de veiller à ce qu'il y ait toujours moyen de procéder à l'exhumation, si elle était jugée nécessaire.*

Je reviendrai plus bas sur le mode de la communication qui doit m'être donnée des procès-verbaux constatant la mort, et en général de tous ceux qui sont dressés dans les cas de crimes ou délits.

BLESSURES.

La loi prescrit à l'Officier de police judiciaire de procéder, avec une grande exactitude, à l'examen des blessures dont elle punit les auteurs.

Si le blessé est en danger imminent, on se hâte de l'entendre avec les précautions et les ménagemens que commande son état : si cette audition pouvait aggraver sa situation, il faudrait temporiser. Comme en cas d'homicide, on recueille et l'on constate les faits ou indices d'imprudence, négligence ou inobservation des réglemens de police, et ceux de volonté, de préméditation et de guet-à-pens, de légitime défense ou d'excuse, de fabrication et débit d'armes prohibées ; on fait expliquer les hommes de l'art sur l'espèce, la gravité, la durée et les conséquences des blessures. Toutes ces choses sont essentielles à constater, soit pour déterminer le caractère de l'infraction, soit pour appliquer la peine. En effet, si les blessures ont causé une maladie ou une incapacité de travail personnel pendant plus de vingt jours, elles constituent un crime ; si elles approchent de ce caractère de gravité, le tribunal correctionnel peut appliquer le *maximum* de la peine ; si elles sont légères, il applique, selon les circonstances, une peine moins forte.

VIOL.

Dans la recherche du viol, et en constatant les traces de ce crime, on évite, autant que possible, les termes obscènes : il faut avoir soin de n'employer que ceux qui sont indispensables pour l'intelligence des faits. Ce n'est aussi que dans le cas d'une absolue nécessité qu'il faut faire visiter, par des hommes de l'art, les enfans qui auraient été victimes de cet attentat : il est recommandé surtout de n'interpeller ces enfans qu'avec les plus grands ménagemens et en respectant leur pudeur.

INCENDIE.

Après les attentats contre les personnes, l'un des crimes qui intéressent le plus la sûreté publique, c'est l'incendie. En recueillant les circonstances matérielles du fait, et en recevant les déclarations des propriétaires, principaux locataires, locataires et autres personnes habitant, même momentanément, la maison incendiée, et les maisons voisines, l'Officier de police judiciaire constate à quelle heure, de quelle manière et dans quelle partie de la maison incendiée le feu s'est manifesté; il faut rechercher s'il est provenu, soit d'un pur accident, soit du défaut de construction, réparation, entretien et ramonage des cheminées, soit de quelqu'imprudence commise en circulant, contre la défense des ordonnances de police, sans lanterne, avec une simple chandelle ou lampe, avec du feu ou une pipe allumée, dans les écuries, greniers et autres lieux renfermant des matières combustibles; il vérifie encore s'il n'y avait pas eu antérieurement des menaces écrites ou verbales d'incendie; enfin, il s'efforce de savoir si une cause quelconque, telle, par exemple, que la vengeance, n'aurait pas déterminé un crime. Dans ce cas, il est essentiel de recueillir les matières que l'on présumerait avoir servi à mettre le feu, de les représenter à ceux qui pourraient les reconnaître pour appartenir au prévenu ou avoir été en sa possession, et de vérifier dans son domicile s'il n'y en aurait pas de semblables.

Dans tous les cas, le procès-verbal qui constate l'incendie m'est soumis comme celui d'homicide ou de levée de cadavre, parce que tout incendie emporte la présomption d'une infraction, et que tout fait de cette nature doit être vérifié par la justice.

VOLS.

Les délits qui portent l'atteinte la plus fréquente à la propriété sont les vols.

Circonstances aggravantes.

Les vols s'aggravent par les circonstances de lieu; par celles de temps; par les circonstances matérielles ou autres qui les ont précédés, accompagnés ou suivis; par les circonstances cumulatives de la nature des objets volés et du lieu du vol; enfin, par les circonstances de la qualité ou du nombre des coupables. Aucune de ces circonstances ne doit s'omettre, les unes changeant la nature du fait, et les autres influant sur le genre ou la durée de la peine.

§ 1.er Circonstances de lieu.

Il y a circonstance aggravante de lieu, lorsque les lieux où le vol a été commis sont des archives, greffes ou dépôts publics; des grands chemins; des maisons habitées ou servant à habitation, comme bâtimens, logemens, loges, cabanes même mobiles, qui, sans être actuellement habitées, servent à l'habitation; des dépendances d'une maison habitée ou servant à habitation, telles que les cours, basses-cours, granges, écuries, édifices qui y sont renfermés, quelqu'en soit l'usage, et quand même ils auraient une clôture particulière dans la clôture ou enceinte générale; des parcs mobiles destinés à contenir du bétail et tenant aux cabanes mobiles des gardiens; des parcs ou enclos, tels que parcs mobiles de moutons non tenant à la cabane du gardien, et terrains

non tenant à l'habitation , environnés de fossés,
pieux, claies, planches, haies vives ou sèches,
murs de quelque espèce de matériaux que ce
soit, quelles que soient la hauteur, la profon-
deur, la vétusté, la dégradation de la clôture,
quand même il n'y aurait pas de porte fermant
à clef ou autrement, ou quand la porte serait
à claire-voie et ouverte habituellement; enfin ,
des auberges, hôtelleries, cafés et cabarets où
le coupable aurait été reçu.

Sont assimilés aux vols commis dans les archives, greffes ou dépôts publics, les vols de
pièces, procédures criminelles, ou autres papiers,
registres, actes et effets remis à un dépositaire
public en cette qualité.

§ 2. *Circonstance de temps.*

La circonstance aggravante de temps, est la
nuit, c'est-à-dire le temps qui s'écoule depuis
le coucher jusqu'au lever du soleil; raison pour
laquelle il faut préciser l'heure du vol.

§ 3. *Circonstances matérielles ou autres qui ont précédé, accompagné ou suivi le vol.*

Les circonstances matérielles ou autres qui
peuvent précéder, accompagner ou suivre les
vols, sont les violences envers les personnes;
le port d'armes apparentes ou cachées; l'usage
ou la menace de faire usage de ces armes; les
fausses clefs; l'effraction; l'escalade; l'enlèvement ou déplacement de bornes servant de sépa-
ration aux propriétés; l'emploi du faux titre de
fonctionnaire ou Officier civil ou militaire; l'emploi de l'uniforme ou du costume de ce fonctionnaire ou officier; enfin, l'usage d'un faux
ordre de l'autorité publique.

1.º *Violence.*

On ne doit pas omettre de constater les traces de blessures ou de contusions qu'auraient laissées les violences. Dans ce cas, des hommes de l'art doivent être appelés pour faire leur rapport avec le même détail que pour le délit de simples blessures.

2.º *Armes.*

On recherche si les voleurs se sont servi ou ont menacé de se servir d'armes, ou s'ils étaient porteurs d'armes apparentes ou cachées.

La loi assimilant aux armes proprement dites, toutes machines, tous instrumens ou ustensiles tranchans, perçans ou contondans, même les couteaux ou ciseaux de poche et cannes simples, quand il en a été fait usage pour tuer, blesser ou frapper, on ne doit pas manquer de constater l'usage que les voleurs auraient fait de ces machines ou instrumens.

3.º *Fausses clefs.*

Dans le cas d'usage de fausses clefs, l'Officier de police judiciaire constate que le voleur ne s'est pas introduit à l'aide d'effraction ou d'escalade, et surtout que la porte ou les meubles ouverts à l'aide de fausses clefs, avaient été exactement fermés au pêne ou au double tour de la serrure. Si la personne volée peut indiquer quelques circonstances ou indices qui ne permettent pas de douter qu'elle ait fermé sa porte ou ses meubles, il faut les exprimer et entendre les témoins qui pourraient en déposer.

La loi réputant fausses clefs, tous crochets, rossignols, passe-partouts, clefs imitées, contrefaites ou altérées, qui n'ont pas été destinées par le propriétaire, locataire, aubergiste ou logeur, aux serrures, cadenas ou fermetures quelconques auxquels le coupable les a employés, on saisit sur la personne ou dans le domicile du prévenu toutes clefs ou objets de cette espèce, on les essaye aux serrures ouvertes avec de fausses clefs, et l'on constate le résultat de cet essai.

Si les clefs qui ont servi au vol n'ont pas été fabriquées ou altérées par l'auteur même du vol, la loi punissant la simple fabrication ou altération de clefs, il faut rechercher celui qui s'en est rendu coupable, et vérifier surtout s'il les a fabriquées, altérées ou remises à l'auteur du vol, dans l'intention de faciliter ce crime. Dans ce dernier cas, la fabrication, altération ou remise des clefs, constituent un fait de complicité.

4.º *Effraction.*

Quand il s'agit d'effraction, c'est-à-dire, du forcement, de la rupture, de la dégradation, de la démolition ou de l'enlèvement de murs, toits, planches, portes, fenêtres, serrures, cadenas ou autres ustensiles ou instrumens servant à fermer ou à empêcher le passage, et de toute espèce de clôture quelle qu'elle soit, il faut vérifier si ces effractions ont été extérieures, c'est-à-dire, effectuées pour voler dans les maisons, cours, basses-cours, enclos ou dépendances, ou bien dans les appartemens ou logemens particuliers; ou si, au contraire, elles n'ont été qu'intérieures, c'est-à-dire, pratiquées aux portes et clôtures du dedans, aux armoires et meubles fermés. Dans les vols prévus par les articles

381 et 382 du Code Pénal, l'effraction intérieure entraîne une aggravation de peine.

Lorsque des caisses, boîtes, ballots et autres objets susceptibles de fermeture ou d'emballage ont été volés *dans une maison*, il devient nécessaire de constater que lors du vol, les caisses, boîtes et meubles étaient fermés, et que les ballots étaient sous toile ou sous corde. Comme on ne peut, sans briser la fermeture, prendre ce que contiennent ces objets, le simple enlèvement qui est fait des caisses, ballots, etc., établit une présomption légale d'effraction intérieure, comme si le brisement avait eu lieu dans l'intérieur même de la maison.

5.º *Bris de scellés, assimilé à l'effraction.*

La circonstance du bris de scellés à l'aide duquel le vol aurait été commis étant, par la loi, assimilée à celle d'effraction, il faut constater si des objets ont été volés, soit dans les lieux, soit dans les meubles où étaient apposés les scellés brisés, et si le bris de scellés a été effectué à une clôture extérieure ou à une clôture intérieure.

Si c'est l'Officier de police judiciaire instrumentant qui avait apposé les scellés brisés, il doit, s'il y a lieu, les réapposer immédiatement après son opération et à la conservation des droits de qui il appartiendra. Si les scellés avaient été apposés par un autre Officier ou fonctionnaire public, il faut, *sur le champ et sans désemparer*, le prévenir du bris de scellés, afin que, pour ce qui le concerne, il dresse procès-verbal, et réappose les scellés, s'il est nécessaire.

6.º *Escalade.*

Il faut se souvenir que la loi qualifie d'esca-

lade non seulement toute entrée dans les maisons,
bâtimens, cours, basses-cours, édifices quelconques, jardins, parcs et enclos, exécutée par-des-
sus les murs, portes, toitures ou toutes autres
clôtures, mais encore toute introduction du coupable par une ouverture souterraine, autre que
celle établie pour servir d'entrée.

7.º *Observation commune à toutes les circonstances*
matérielles.

Il est d'autant plus essentiel de ne pas différer
de constater les différentes circonstances ci-dessus
spécifiées, que souvent les personnes volées négli-
gent d'en conserver les traces, et que, presque
toujours, elles se hâtent, pour leur sûreté, soit
de faire changer les gardes des serrures, ce qui
rend impossible l'essai des clefs, rossignols, etc.,
saisis chez le prévenu, soit de faire réparer les
dégradations occasionnées par les effractions et
escalades : le temps lui-même efface souvent,
en peu de momens, les dégradations faites et
les empreintes fugitives laissées par les coupables.

§ 4. *Circonstance de la nature de l'objet volé*
et du lieu du vol.

La circonstance cumulative résultant de la
nature de l'objet volé et du lieu du vol, existe
lorsque des soustractions de chevaux, bêtes de
charge, de voiture ou de monture, gros et menus
bestiaux, instrumens d'agriculture, récoltes et
meules de grains faisant partie de récoltes, sont
commises dans les champs; que des vols de
bois ont été effectués dans les ventes; que des
pierres ont été soustraites dans les carrières,
et qu'il a été volé des poissons dans les étangs,
viviers ou réservoirs.

1.° *Vols de chevaux, etc., dans les champs.*

En se servant des mots *chevaux*, etc., *champs*, etc., la loi comprend dans cette espèce de vol, le vol même d'un seul cheval, etc., commis dans un seul champ, etc.

2.° *Vols de récoltes, etc., dans le même lieu.*

Par *récolte*, on entend toute production utile de la terre qui, séparée de sa racine par le fait du propriétaire ou de ses représentans, est laissée momentanément dans les champs en gerbes ou en meules, quelle que soit d'ailleurs la quantité de récolte volée.

La soustraction de grains et de fruits pendant par les racines, est un simple maraudage que les lois punissent suivant la gravité des circonstances. On doit donc recueillir les preuves de ces circonstances, et, par exemple, constater si le maraudage a été effectué la nuit, par plusieurs personnes, avec voitures, animaux de charge, etc., etc.

3.° *Vols de bois dans les ventes, et de pierres dans les carrières.*

Par *bois*, on entend le bois coupé et façonné dans une vente; par *pierres*, celles qui ont été détachées de la carrière et n'en sont point encore enlevées.

§ 3. *Circonstance de la qualité des coupables.*

La qualité de percepteur, de commis à une perception, de comptable, dépositaire, fonctionnaire ou officier public, d'agent, commis ou proposé du Gouvernement ou des dépositaires publics, relativement aux soustractions d'objets

qui leur étaient confiés ou remis en dépôt en
vertu ou à raison de leurs fonctions ou de leurs
emplois; la qualité de domestique ou d'homme
de service à gages, pour les vols commis au
préjudice du maître, même pour ceux commis
au préjudice des personnes que le domestique
ou l'homme de service ne servait pas, mais qui
se trouvaient dans la maison de son maître,
ou dans la maison desquelles le coupable accom-
pagnait son maître; la qualité d'ouvrier, de
compagnon ou d'apprenti, par rapport aux soustractions effectuées dans l'atelier, le magasin
ou la maison du maître; celle d'individu travaillant *habituellement* dans l'habitation où il a
volé; enfin, la qualité d'aubergiste, d'hôtelier,
de voiturier, de batelier ou de leurs préposés,
à l'égard du vol des choses à eux confiées à ce
titre, forment les circonstances aggravantes que
l'Officier de police judiciaire ne négligera jamais
de constater.

1.º *Observations sur les soustractions commises
par les percepteurs, etc.*

Dans le cas de soustractions commises par un
dépositaire ou comptable public, il faut constater quelle est la valeur des sommes, pièces,
titres, actes ou effets soustraits, parce que,
d'après les articles 169, 170, 171 et 172 du
Code Pénal, cette valeur détermine le caractère du fait, ainsi que la compétence du Juge,
et sert à régler la quotité de l'amende.

2.º *Observations sur les vols des domestiques,
hommes de service, etc.*

L'expérience apprend que très-souvent, et
surtout quand il s'agit de vols commis par

des domestiques, hommes de service, ouvriers,
etc., les parties lésées ou les témoins cherchent
à épargner le coupable, en déguisant, dès l'ori-
gine, sa qualité, ou bien en rétractant ou en
atténuant par la suite ce qu'ils en ont dit d'abord,
conformément à la vérité. L'on ne saurait mettre
trop de soin à rechercher si le prévenu avait
l'une des qualités ci-dessus; non seulement l'Officier de police judiciaire fait, dès le principe,
expliquer cathégoriquement les dénonciateurs,
plaignans et témoins sur cette circonstance importante, mais encore il recherche ou se fait remettre
les livrets dont le prévenu est tenu de se munir.

3.º *Observations sur les vols des domestiques*
de la Capitale.

S'agit-il d'un vol domestique *commis à Paris*,
il faut rechercher si le prévenu s'est conformé
au décret du 3 octobre 1810 (1), qui prescrit
aux domestiques de se faire inscrire à la préfecture de police, d'avoir un domicile déclaré et
de présenter un répondant; qui leur défend
d'avoir, à l'insu de leur maître et sans en prévenir le Commissaire de police, une chambre
ou un logement en ville; et qui enjoint aux propriétaires et aux principaux locataires de ne louer
ou sous-louer aux domestiques, qu'en en faisant
pareillement déclaration au Commissaire de police; l'inobservation de ces formalités, qui sont
établies pour prévenir les vols domestiques dans
la Capitale, entraîne diverses peines.

§ 6. *Circonstance du nombre des coupables.*

Dans les vols présumés avoir été commis par

---

(1) Ce décret est déclaré commun aux villes du Royaume d'une
population de cinquante mille habitans et au-dessus.

deux ou plusieurs personnes, pour reconnaître et constater cette circonstance, on examine si le vol a pu ou n'a pas pu être effectué par une seule personne, et l'on rassemble tous les indices qu'offre le fait à cet égard.

§ 7. *Complication de circonstances aggravantes.*

Très-souvent les circonstances aggravantes se compliquent; par exemple, un vol domestique peut être commis en même temps avec violences, fausses clefs, effraction ou escalade, etc. La peine du vol domestique change dans ce cas, il faut donc ne négliger aucune circonstance aggravante, dans quelqu'espèce de vol que ce soit.

LARCINS, FILOUTERIES, SIMPLES VOLS, ESCROQUERIES, ABUS DE CONFIANCE.

Indépendamment de ces principaux crimes, il est des infractions à la loi qui, pour n'être que des délits correctionnels, ne réclament pas moins l'attention de la police judiciaire : ce sont les larcins, filouteries ou simples vols, les escroqueries et les abus de confiance, délits très-fréquens à Paris.

Observations sur l'escroquerie.

Il est à observer relativement à l'escroquerie, que toute manœuvre frauduleuse ne la caractérise pas. Pour qu'une manœuvre soit constitutive de ce délit, il faut qu'on ait *verbalement* fait usage de faux nom ou de fausse qualité; ou que les manœuvres aient eu pour objet de persuader l'existence de fausses entreprises, d'un pouvoir ou d'un crédit imaginaire, ou de faire naître l'espérance ou la crainte d'un succès, d'un accident ou de tout événement chimérique; il faut encore que le faux nom, la fausse qualité, les manœuvres aient déterminé l'escroquerie. Il est donc très-essentiel de bien préciser dans l'instruction de la procédure, le fait et les manœuvres caractéristiques de ce délit.

Lorsque le faux nom a été pris *par écrit et signé*, ce nom fût-il celui d'un être purement imaginaire, le fait constitue le crime de faux, et doit être constaté comme tel.

TENTATIVE DE CRIMES OU DE CERTAINS DÉLITS.

La tentative des crimes et celle de certains délits étant punie comme le crime ou le délit même, il importe de la constater avec le même soin que le crime ou délit consommé. Pour cet effet, l'Officier de police judiciaire recueille tous les indices desquels il résulte que la tentative a été manifestée par des actes extérieurs et suivie d'un commencement d'exécution, et qu'elle n'a été suspendue ou n'a manqué son effet que par des circonstances fortuites ou indépendantes de la volonté de l'auteur.

Les tentatives de *délits* ne sont considérées comme délits que dans les cas déterminés par une disposition spéciale de la loi. Hors ces cas, la tentative des délits ne constitue aucune infraction; elle ne peut faire l'objet d'une recherche.

COMPLICITÉ DES CRIMES ET DÉLITS.

Ce n'est pas assez, MESSIEURS, d'atteindre l'auteur d'un crime ou d'un délit, il faut encore atteindre ses complices.

Voici les principaux faits de complicité qu'il importe de rechercher en cas d'infraction et de tentative d'infraction.

§ 1.er

§ 1.er *Provocation au crime ou délit.*

Provoquer à un crime ou à un délit, par dons, promesses, menaces, abus d'autorité ou de pouvoir, machinations ou artifices coupables, et donner des instructions pour le commettre;

§ 2. *Facilité donnée pour le commettre.*

Procurer avec connaissance, les armes, instrumens ou tous autres moyens qui ont servi à l'action;

§ 3. *Assistance dans le crime ou délit.*

Aider et assister sciemment l'auteur du crime ou du délit dans les faits qui l'ont préparé ou consommé;

§ 4. *Logement, retraite, lieu de réunion fournis aux malfaiteurs.*

Fournir *habituellement* un logement ou bien un lieu de retraite ou de réunion aux malfaiteurs dont on connaît les brigandages et les attentats contre la sûreté de l'Etat, la paix publique, les personnes ou les propriétés;

§ 5. *Recélé et achat des objets volés.*

Acheter ou recéler sciemment des choses enlevées, détournées ou obtenues à l'aide d'un crime ou d'un délit;

Les recéler avec la connaissance des circonstances d'enlèvement et de vol auxquelles la loi attache la peine de mort, des travaux forcés à perpétuité ou de la déportation;

Telles sont les principales complicités prévues par la loi.

Pour en acquérir et en constater la preuve, il faut recueillir les indices résultant de la nature et des circonstances du crime ou délit, de l'intérêt qui a pu en déterminer la tentative ou la consommation, des pièces à conviction, de la disparution de la totalité ou de partie des choses volées, de la plainte, de la dénonciation, des déclarations des témoins, des réponses ou aveux de l'auteur du fait, des papiers ou objets trouvés dans son domicile ou sur sa personne, etc.

Du reste, l'Officier de police judiciaire procède contre les complices avec autant de célérité, de détail et de précautions, que contre les auteurs du crime ou délit.

Il est une observation fort essentielle à faire, c'est que quand la qualité du coupable se lie au fait même, qu'elle l'aggrave et en change le caractère, cette qualité n'exista-t-elle que dans le complice, communique presque toujours au fait principal le même caractère de criminalité qu'au fait de complicité; ainsi, par exemple, lorsqu'un domestique provoque à commettre un vol chez son maître, qu'il donne les moyens de le commettre, ou qu'il aide à le commettre, le vol a le caractère de vol domestique à l'égard des auteurs comme à l'égard du domestique complice. On doit donc être fort attentif à vérifier si des individus de cette qualité ont coopéré au fait par complicité.

§ 6. Contraventions des brocanteurs.

Je ne terminerai pas ces observations sur la complicité sans parler des revendeurs, brocanteurs, ferrailleurs et autres marchands et artisans auxquels il est prescrit d'avoir des registres de leurs achats et ventes, et auxquels il est défendu

de rien acheter à des fils de familles, domestiques, gens inconnus et suspects. La plûpart de
ces marchands achètent avec une légèreté ou
une cupidité qui facilite le vol, et qui approche
souvent de la mauvaise foi constitutive du recélé ;
les contraventions par eux commises sont, par
cette raison, susceptibles d'être sévèrement re-
cherchées et punies. Ils doivent être surtout tenus
de faire viser exactement leurs registres. Leurs
devoirs sont tracés par l'ordonnance de police
du 8 novembre 1780 (1) : ceux des orfèvres et
marchands d'objets d'or et d'argent le sont par
la loi du 19 brumaire an 6.

RESPONSABILITÉ CIVILE.

§ 1.er *Cas de cette responsabilité.*

Il ne faut pas non plus négliger les faits ou
circonstances qui rendent certaines personnes
responsables de l'infraction. Ces personnes sont
principalement les pères, mères, tuteurs, à l'égard
des enfans, les maîtres à l'égard de leurs domestiques. En vérifiant, au surplus, les cas de responsabilité civile prévus par l'article 74 du Code
Pénal, et les articles 1382 et suivans du Code
Civil, relatifs aux délits et quasi-délits, il est
facile de juger quels sont ceux de ces faits, où
celles de ces circonstances, qui sont à constater.
Quelques autres lois ont encore établi pour
certaines infractions une responsabilité spéciale.

§ 2. *Responsabilité spéciale des aubergistes.*

Il est un fait de responsabilité civile qui doit

---

(1) Cette ordonnance est spéciale pour Paris. (*Note de l'Auteur
du Recueil.)*

éveiller l'attention de la police judiciaire, et que le Code Pénal a spécialement prévu : c'est le fait de l'aubergiste ou hôtelier qui a logé plus de vingt-quatre heures, sans l'inscrire sur son registre de police, un individu qui, pendant le temps de son séjour dans l'auberge ou hôtellerie, a commis un crime ou un délit.

§ 3. *Registres de police des aubergistes.*

Dans tous les cas où existe le défaut d'inscription dont je viens de parler, on en dresse procès-verbal, même quand la personne non inscrite n'aurait commis aucun crime ou délit. Cette infraction, quoique qualifiée de simple contravention de police, intéresse la sûreté publique ; elle a le caractère d'un délit, lorsque l'hôtelier ou celui qui loge en garni, n'a pas été autorisé par la police à loger ou à louer en garni : ce défaut d'autorisation intéressant essentiellement l'ordre public, doit être sévèrement puni. L'infraction a encore à la fois le caractère d'un délit, lorsque la personne logée par un hôtelier, aubergiste ou logeur en garni de Paris, est étrangère à la Capitale et n'a pas été déclarée conformément à la loi du 27 ventôse an 4 ; les obligations imposées par cette loi sont communes à tous les habitans de Paris.

INFLUENCE DE L'AGE DES CONDAMNÉS SUR LE FAIT OU SUR LA PEINE.

Que le prévenu soit auteur ou complice d'un crime ou délit, son âge est souvent encore une chose fort importante à vérifier, parce que l'âge, dans certains cas, influe sur la moralité de l'action ou sur l'application de la peine.

§ 1.er *Age de seize ans ou au-dessous.*

Par la seule force de la loi, le prévenu âgé de plus de seize ans, est présumé avoir tout le discernement qui fait apprécier la gravité d'un crime ou d'un délit. Au contraire, cette présomption n'existant et ne pouvant exister à l'égard du prévenu de seize ans ou de moins de seize ans, dont la raison peut n'être pas entièrement développée, l'Officier de police judiciaire doit rassembler tous les faits ou indices qui peuvent donner une idée précise du degré de discernement de ce prévenu. Si, d'après l'instruction et les débats, le prévenu est jugé avoir agi sans discernement, il est acquitté : dans le cas contraire, la peine à appliquer est moins forte que celle encourue par l'individu au-dessus de seize ans.

§ 2. *Age de soixante-dix ans.*

Quand le prévenu a soixante-dix ans accomplis au jour de son jugement, la loi, par égard pour sa vieillesse, commue en réclusion les peines de la déportation, des travaux forcés à perpétuité et des travaux forcés à temps : ces deux dernières peines éprouvent la même commutation lorsque le condamné, en les subissant, atteint soixante-dix ans.

Dans tous les cas où l'âge est à vérifier, l'Officier de police judiciaire prend garde de se laisser induire en erreur par le prévenu, par ses parens ou autres. Le moyen de se garantir d'une surprise et de se faire représenter et d'annexer à la procédure l'extrait de naissance, ou en cas d'impossibilité, d'interroger le prévenu sur le lieu et le temps précis où il est né, afin de faciliter la recherche de l'acte de naissance. Il recueille aussi sur ces mêmes points des renseignemens auprès des personnes qui pourraient en fournir.

CIRCONSTANCES EXTRINSÈQUES AUX CRIMES OU AUX DÉLITS.

Les circonstances dont j'ai parlé sont extrinsèques aux crimes et délits. Il en est d'autres qui sont intrinsèques à ces infractions et changent la nature de la peine.

§ 1.er *Récidive*.

L'une de ces circonstances extrinsèques est la récidive. Elle a lieu quand le prévenu a déjà été condamné en quelque temps, par quelque tribunal ou pour quelque crime ou délit que ce soit, à des peines afflictives ou infamantes, ou à un emprisonnement de plus d'une année.

En cas de condamnation pour crime, la peine du second crime devant éprouver une augmentation progressive, calculée d'après la gravité de la première condamnation, l'on s'attache à rechercher quelle a été la nature de cette première condamnation.

Les individus repris de justice changent presque toujours de nom; il faut tâcher de déjouer cette ruse, en pressant le prévenu de s'expliquer sur le lieu de sa naissance, sur sa famille, sur les personnes qui l'ont connu ou employé; en le sommant de représenter son livret, dans le cas où il est tenu d'en avoir un; on entend même, s'il en est besoin, les personnes qu'il a indiquées, on les lui confronte, ainsi que celles qui auraient connaissance de la première condamnation portée contre lui.

Il est également très-important de s'assurer de

son véritable domicile, et de me transmettre
avec les procès-verbaux, toutes les pièces et tous
les documens qui peuvent le faire connaître.

§ 2. *Vagabondage.*

Le vagabondage est une autre circonstance qui,
en matière de crime, aggrave quelquefois la peine.

Celui qui est sans aveu, c'est-à-dire, sans domicile certain, sans moyen de subsistance et sans
profession habituelle, est un vagabond.

Le vagabondage est d'autant plus essentiel à
constater, qu'il forme, indépendamment de toute
autre infraction, un délit correctionnel.

Les vagabonds doivent donc être interrogés avec
détail sur les domiciles, professions et moyens de
subsistance qu'ils se donneraient, et il faut sur
le champ entendre les personnes dont ils invo-
queraient les témoignages sur ces divers points.

Un arrêté du Gouvernement du 9 frimaire an
12, porte que tout ouvrier travaillant en qualité
de compagnon ou garçon, qui voyagerait sans
un livret sur lequel son dernier congé ne serait
pas visé par le Maire ou l'Adjoint du Maire,
sera réputé vagabond, et qu'il pourra être arrêté
et puni comme tel. En conséquence, quand un
individu arrêté se qualifie de compagnon ou
garçon ouvrier, on doit exiger de lui la représentation de son livret, et annexer cette pièce
à la procédure.

FORMES EXTÉRIEURES DES ACTES
DE PROCÉDURE.

En vain, MESSIEURS, vous auriez mis tout votre
zèle à rassembler les preuves d'un crime ou d'un
délit, vos soins seraient perdus si vous n'aviez pas
procédé avec la régularité prescrite par la loi.

Pour éviter l'anéantissement de vos actes, les formalités suivantes sont à observer.

§ 1.er *Plaintes et dénonciations.*

La plainte et la dénonciation sont rédigées soit par le plaignant, le dénonciateur ou leur fondé de pouvoir spécial, soit par vous. Elles sont revêtues, à chaque feuillet, de la signature du plaignant, du dénonciateur ou de leur fondé de pouvoir, et de la vôtre. S'ils ne savent, ne veulent ou ne peuvent signer, il en est fait mention. La procuration qui doit toujours être notariée, demeure annexée à la dénonciation ou à la plainte.

Si le plaignant veut se constituer partie civile, il le déclare formellement. Il convient même, dans le plus grand nombre des cas, de lui faire, à cet égard, une interpellation qui tend à décharger le trésor royal des frais de la procédure.

§ 2. *Procès-verbal constatant le délit.*

Le procès-verbal qui constate le délit, est dressé non seulement en présence soit du Commissaire de police, soit du Maire ou de l'Adjoint, soit de deux domiciliés de la commune, à moins qu'il soit impossible d'en trouver, ce qu'il faut exprimer, mais encore en présence du prévenu s'il est connu et arrêté, ou, en cas d'impossibilité ou de refus de sa part, en présence du fondé de pouvoir qu'il aurait nommé. Il est signé à chaque feuillet par les parties, par les personnes qui y ont été présentes, par l'Officier public, ou les domiciliés requis d'y assister et par l'Officier de police judiciaire qui procède; mention y est faite du refus ou de l'impossibilité de signer. Tous les renvois sont signés : les ratures sont comptées et approuvées par des signatures spéciales : rien ne peut être écrit par surcharge, hors ligne ou en interligne.

§ 3. *Dépositions de témoins et interrogatoires.*

Il en est de même des dépositions de témoins et des interrogatoires du prévenu, qui doivent être signés à chaque feuillet, et dans lesquels les ratures et renvois doivent être approuvés par des signatures spéciales.

Les témoins sont entendus successivement et séparément les uns des autres. Ils déclinent préalablement leurs noms, prénoms, âge, état, profession et demeure; ils déclarent s'ils sont domestiques, parens ou alliés des parties et à quel degré.

Le prévenu est interpellé de décliner ses noms et prénoms, le lieu de sa naissance, son âge, sa profession et sa demeure, et l'on recueille ses réponses à cet égard.

Lecture est faite aux témoins de leurs dépositions, et au prévenu de ses réponses, avant de recevoir d'eux leurs signatures.

§ 4. *Pièces de conviction.*

Pour assurer l'identité des pièces de conviction, ces pièces, ainsi que les papiers et objets saisis sont représentés au prévenu ou à son fondé de pouvoir, si l'un ou l'autre est présent aux opérations et perquisitions. Ils sont interpellés de les reconnaître et de les parapher. En cas de refus de le faire, il en est fait mention.

Les pièces de conviction sont closes et cachetées. Si cela est impossible et qu'elles ne soient pas susceptibles de recevoir des caractères d'écritures, vous les renfermez dans un sac ou vase sur lequel vous attachez une bande de papier que le prévenu ou son fondé de pouvoir est interpellé de signer et parapher, et que vous signez et paraphez vous-même, après l'avoir scellée de votre sceau. Mention est faite au procès-verbal du refus de signer et parapher. Vous devez faire mention exacte de l'observation de ces formalités prescrites par la loi.

§ 5. *Pièces arguées de faux et pièces de comparaison.*

En cas de faux, la pièce arguée de faux et celles de comparaison sont représentées au dénonciateur ou plaignant, au prévenu, aux témoins et experts qui s'en expliquent, et elles sont signées et paraphées à toutes les pages par ces diverses personnes et par vous.

§ 6. *Rapports d'experts.*

Les médecins, chirurgiens, officiers de santé, experts, interprètes, font le serment de faire leur rapport et de donner leur avis en leur honneur et conscience. Leur rapport doit être, autant que possible, inséré dans le procès-verbal; il est signé d'eux et de vous, après lecture préalable, ce dont il est fait mention.

§ 7. *Nécessité de rédiger les déclarations des témoins, etc., séparément du procès-verbal de délit.*

La loi défendant de remettre aux jurés les déclarations des témoins, et les jurés ne devant prononcer que sur des débats oraux et sur les procès-verbaux qui constatent le délit, il convient de ne pas confondre dans les procès-verbaux les plaintes, dénonciations, dépositions de témoins et interrogatoires, et de dresser un procès-verbal séparé de chacune de ces espèces d'actes.

§ 8. Visa *pour timbre et enregistrement en* débet *en matière correctionnelle.*

Rigoureusement, les procès-verbaux et actes relatifs aux délits correctionnels doivent être visés pour timbre et enregistrés en *débet* : mais lorsque l'envoi en est urgent, ou qu'il y a, pour la vindicte publique, des inconvéniens graves à divulguer le secret de la procédure, ces procès-verbaux et actes sont dispensés de la formalité du *visa* et de l'enregistrement. C'est à votre prudence à en décider, en conciliant l'intérêt du trésor public, et celui de la justice.

MISE EN FOURRIÈRE.

En matière de police, comme en matière correctionnelle ou criminelle, les bestiaux, animaux, voitures, instrumens et objets semblables doivent, en cas de saisie ou séquestre, être conduits à la fourrière publique.

Celle de Paris est établie rue Guénégaud, n.º 31, par ordonnance de police du 13 mars 1813.

Les Maires, aux termes de l'article 12 du titre II de la loi du 6 octobre 1791, relative à la police rurale, désignent le lieu de la fourrière de leur commune.

D'après l'article 9 du titre IV de la loi du 15 septembre 1791, relative à l'administration forestière, les gardes forestiers effectuent le séquestre dans la fourrière du chef-lieu de canton, et après l'affirmation de leur procès-verbal, ils laissent une copie de cet acte au Greffier de la justice de paix, pour être communiqué à ceux contre qui le séquestre a été fait.

Les Maires veillent à ce qu'il ne soit pas abusé des choses séquestrées, qu'elles soient soigneusement conservées, et que les animaux soient convenablement nourris.

On doit, au surplus, à Paris et dans les communes rurales, se conformer, pour le mode, le temps et la levée de la mise en fourrière, aux dispositions des articles 39 et suivans du décret du 18 juin 1811, relatif aux frais de justice en matière criminelle.

AVIS A DONNER AU PROCUREUR DU ROI AUSSITÔT QU'UN CRIME OU UN DÉLIT A ÉTÉ COMMIS.

Indépendamment de ce que, d'après l'article 249 du Code d'Instruction criminelle, je suis tenu d'envoyer, tous les huit jours, à M. le Procureur général, une notice de toutes les affaires criminelles et correctionnelles, je dois encore, aux termes de l'article 27, lui donner, *sans délai,* avis des crimes et délits parvenus à ma connaissance, et exécuter ses ordres relativement aux actes de police judiciaire qu'il jugerait nécessaires.

De son côté, tout fonctionnaire ou officier public, qui acquiert la connaissance d'un crime ou délit, est tenu, suivant l'article 29, de m'en prévenir *sur le champ.* (1)

Pour remplir ce double vœu de la loi, MM. les

_____

(1) MM. les Procureurs du Roi des départemens ne doivent pas négliger d'exiger de leurs auxiliaires l'envoi de cet avis dans le plus bref délai. Dans beaucoup de cas, surtout en matière d'homicide, d'empoisonnement, d'infanticide, etc., les auxiliaires du Procureur du Roi n'ont pas les mêmes moyens que lui pour constater ces crimes. Il n'y a pas toujours dans les campagnes des experts assez habiles pour aider la justice dans son investigation. (*Note de l'Auteur du Recueil.*)

Juges de paix, Commissaires de police ou autres Officiers de police auxiliaires de Paris, dès que la connaissance d'un crime ou délit leur parviendra, me transmettront, *sans délai*, un bulletin signé, daté de jour et heure, énonçant sommairement :

1.º La nature du crime ou délit;

2.º Le jour, l'heure, le lieu et le quartier où il a été commis;

3.º Les noms, professions et demeures de la personne lésée et du prévenu, s'il est connu; ou du moins, dans les cas graves et en cas de non-arrestation, sa désignation et son signalement, s'il est possible;

4.º La mention de l'arrestation ou de la non-arrestation;

5.º Comment et à quelle heure la connaissance du crime ou délit est parvenue à l'Officier de police qui en donne l'avis;

6.º Et un numéro d'ordre qui sera répété en marge de la première pièce de procédure.

Ce bulletin doit être remis au parquet au Palais de justice, depuis dix heures du matin jusqu'à cinq heures du soir, et à mon hôtel, le matin avant dix heures, et le soir après cinq heures; la remise devra être également faite à mon hôtel les jours de fêtes et dimanches.

Malgré cet envoi, l'Officier de police commence ou continue ses recherches.

Quant à MM. les Juges de paix, Maires, Adjoints et autres Officiers auxiliaires des communes rurales, ils peuvent se borner à m'avertir du crime ou délit, au moyen d'une simple lettre mise à la poste, et contenant les mêmes détails que ceux des bulletins ci-dessus énoncés. Si leurs procès-verbaux étaient terminés avant l'heure de la poste, l'envoi qui m'en sera fait avec une lettre, dispensera de l'avis.

Dans le cas de crimes capitaux ou d'une grande importance, ils m'en préviendront *par un exprès* qui me sera adressé au parquet ou à mon hôtel, selon les heures ci-dessus indiquées.

Dans tous les cas, ils n'en procèdent pas moins.

Outre l'avis dont je viens de parler, l'envoi des procès-verbaux doit m'être fait *immédiatement, avec la plus grande exactitude*, afin que je puisse sur le champ continuer les poursuites commencées, en requérir de nouvelles, ou indiquer les opérations supplétives qui seraient à faire en continuant d'agir comme mes auxiliaires.

MM. les Officiers de police judiciaire de la ville de Paris sont dans l'usage d'envoyer leurs procès-verbaux à la préfecture de police, par l'intermédiaire de laquelle je les reçois, après que la police s'est livrée aux recherches préliminaires qui aident si puissamment à la découverte de la vérité. Cet usage continuera d'être suivi ; néanmoins, dans tous les cas de crimes contre la sûreté de l'État, de mort subite, accidentelle ou violente, d'homicide, de suicide, de levée de cadavres, de blessures graves, d'incendie, de fausse monnoie, de vol avec violences, d'autres crimes très-graves, ou de tentatives de ces crimes, la communication des procès-verbaux me sera donnée dès l'instant où ils ont été dressés : la même chose aura lieu toutes les fois que MM. les Officiers de police judiciaire de Paris éprouveront quelqu'embarras pour constater les crimes ou délits, de quelqu'espèce que ce soit. Cette communication est indispensable afin que je puisse, soit permettre les inhumations, ainsi que je l'ai dit plus haut, soit prescrire les opérations qui devront être faites et consignées dans les procès-verbaux commencés ou dans des actes supplétifs. Lorsqu'ensuite leurs opérations seront terminées, ils renverront toujours les procès-verbaux et toutes les autres pièces à la préfecture de police, à moins que je ne leur donne des instructions contraires.

Tels sont, MESSIEURS, les divers objets que j'ai cru devoir rappeler à votre attention. Sans faire aucune désignation particulière, je me suis borné à des observations générales. Elles ne feront sans doute qu'accroître le zèle de ceux d'entre vous qui ont exercé leur ministère avec cette régularité, ce soin et cette activité d'où dépend essentiellement le maintien de l'ordre. Les autres, en profitant de ces observations, en méditant sur l'importance de leurs fonctions, et en évitant de retomber dans des fautes désormais inexcusables, atteindront bientôt une perfection dont leurs collègues leur offrent déjà de nombreux exemples.

Pour moi, je serai prêt, dans tous les instans, à vous seconder et à concourir avec vous à la sûreté des personnes, à la conservation des propriétés, à la répression du crime et à la garantie due à l'innocence.

J'ai l'honneur d'être, avec la considération la plus distinguée,

MESSIEURS,

Votre très-humble
et très-obéissant serviteur,
JACQUINOT-PAMPELUNE.

FORMULES.

N.º 1.er

Procès-verbal de contravention de police, dressé par le Commissaire de police, le Maire ou l'Adjoint.

L'A N mil huit cent..., le..., heure..., de...,

Nous Maire, (*ou*) Adjoint du Maire, (*ou*) Commissaire de police de la commune, (*ou*) de la ville de..., Officier de police judiciaire,

Faisant notre tournée dans cette commune, (*ou*) dans cette ville pour le maintien de la propreté, (*ou*) de la salubrité, (*ou*) de la sûreté publique;

Nous avons reconnu et constaté que, malgré l'avertissement ordinaire donné cejourd'hui dans cette ville, (*ou*) dans cette commune, le sieur Pierre N..., propriétaire, (*ou*) marchand de..., demeurant en cette ville, rue..., n.º.., (*ou*) dans cette commune, avait négligé de nétoyer la rue, (*ou*) la partie de la rue, dont le nétoyage est à sa charge.

Nous faisons observer que, pour pareil fait, (*ou*) pour telle autre contravention de police (*l'exprimer*), le sieur Pierre N..., a déjà été condamné à des peines de police, par jugement du tribunal de police de cette ville, (*ou*) de ce canton, (*ou*) de cette commune, en date du... dernier;

Attendu que, par sa négligence, le sieur N..., est contrevenu au § 3 de l'article 471 du Code Pénal;

Pénal; et que, d'ailleurs, ce contrevenant est
en récidive, nous avons dressé le présent procès-
verbal que nous avons signé à chaque feuillet.
(Signature.)

(Faire viser pour timbre et enregistrer en DÉBET.*)*

N.º 2.

Procès-verbal de garde champêtre.

1.º *Procès-verbal simple.*

L'an mil huit cent..., le..., heure de..., je
soussigné Jean N..., garde champêtre de la commune de..., résidant à..., ayant serment en
justice, certifie qu'étant décoré du signe caractéristique de mes fonctions, et faisant ma tournée
ordinaire pour la conservation des propriétés
confiées à ma garde, en passant dans le chemin
de..., conduisant de..., à..., j'ai trouvé, lieu
dit..., dans une pièce de terre semée en blé,
dont le grain est près de maturité, et qui appartient au sieur L..., cultivateur en cette commune,
une vache sous poil noir, que j'ai reconnue pour
appartenir au sieur M..., aussi cultivateur en
cette commune, et qui paissait dans ladite pièce
de terre, sous la garde d'un jeune homme que j'ai
également reconnu pour être Pierre N..., âgé
de..., domestique au service dudit sieur M...,
et demeurant avec lui.

J'ai sommé ledit Pierre N... de faire retirer
sur le champ sa vache de la pièce de terre du
sieur L..., ce qu'il a fait à l'instant.

J'ai évalué le dégât causé par cette vache à
la somme de..., et j'ai déclaré à Pierre N...
que j'allais dresser procès-verbal, tant contre lui

que contre ledit sieur M..., son maître, comme civilement responsable de ces faits.

De ce que dessus, j'ai dressé le présent procès-verbal, et l'ai signé à chaque feuillet.

(Si les bestiaux et celui qui les garde sont inconnus au garde champêtre, il procède et rédige son procès-verbal ainsi :)

L'an, etc., passant, etc., j'ai trouvé, lieu dit..., dans une pièce de terre, etc., une vache sous poil noir, qui paissait dans ladite pièce de terre, dont le propriétaire m'est inconnu.

Cette vache étant gardée par un homme aussi à moi inconnu, je me suis approché de cet individu, et l'ai sommé de me déclarer ses noms, prénoms, âge, profession et demeure, et de me désigner le propriétaire de la vache trouvée en délit.

Il m'a répondu qu'il se nommait Pierre N..., âgé de..., domestique au service du sieur M..., cultivateur, demeurant à..., et que la vache appartient audit sieur M..., son maître.

J'ai sommé ledit Pierre N... de faire retirer, etc. *(Le reste comme dessus.)*

2.° *Procès-verbal avec mise en fourrière.*

(Si la vache, quoique connue du garde, est laissée à l'abandon, ou si elle est inconnue au garde, et qu'elle soit aussi abandonnée, le garde procède et rédige son procès-verbal ainsi :)

L'an, etc., passant, etc., j'ai trouvé lieu dit..., dans une pièce de terre, etc., une vache sous poil noir, qui paissait dans ladite pièce de terre, que j'ai reconnue pour appartenir au sieur M..., cultivateur en cette commune, mais qui n'était sous la garde de personne.

(*Ou bien*) J'ai trouvé, etc., une vache sous poil noir, qui paissait sans aucun gardien dans ladite pièce de terre, et dont le propriétaire m'est inconnu.

J'ai évalué le dégât causé par cette vache, à la somme de...; j'ai saisi cette vache, et l'ai conduite et mise en séquestre dans la maison du sieur..., aubergiste en cette commune, désigné, par arrêté de M. le Maire, pour recevoir les animaux et objets mis en fourrière.

Ledit sieur... a consenti à s'en charger, comme dépositaire judiciaire, et s'est engagé à la représenter quand et ainsi qu'il en serait ordonné par justice.

De ce que dessus, j'ai dressé le présent procès-verbal, qui a été signé par moi et par le sieur..., séquestre, auquel j'en ai préalablement donné lecture en ce qui le concerne.

(*Le garde procède de même dans tous les cas où la loi prescrit le séquestre; dans ceux où le délinquant ne veut pas faire cesser le dégât causé par ses bestiaux; ou enfin dans ceux où le garde doute de la sincérité des réponses faites par le délinquant sur ses noms et demeures, ou sur la désignation du maître des bestiaux en délit.*)

3.° *Procès-verbal avec perquisition.*

L'an, etc., en passant, etc., j'ai reconnu, lieu dit..., qu'on avait arraché et enlevé, dans une pièce de terre plantée en pommes de terre, et appartenant au sieur L..., cultivateur en cette commune, environ dix boisseaux de pommes de terre, que j'ai évalués à la somme de... La quantité des pommes de terre enlevées m'a fait présumer que, pour les emporter, on avait dû se servir de panier, sac ou bête de somme. J'ai également présumé que le vol s'était fait pendant la nuit dernière, parce que j'ai été instruit que hier soir, lorsque le sieur L... avait quitté sa pièce de terre, le vol n'avait pas encore été commis, et que le sieur L.... avait découvert le vol ce matin dès la pointe du jour.

Averti que, vers deux heures du matin, on avait aperçu un individu chargé d'un sac fort lourd, et qu'on l'avait vu entrer dans la maison habitée par Pierre N...., cultivateur en cette commune, j'ai de suite requis M..., Juge de paix du canton de..., (*ou*) Maire, (*ou*) Adjoint du Maire, (*ou*) Commissaire de police de la commune de..., de m'assister dans ladite maison. M... ayant obtempéré à ma réquisition, je me suis transporté au domicile de Pierre N..., dont la porte ne nous a été ouverte par Pierre N... lui-même, qu'après que j'ai eu frappé à plusieurs reprises. (1)

J'ai déclaré à Pierre N... quel était l'objet de mon transport, et que j'allais, en présence de M. le Juge de paix, (*ou*) Maire, (*ou*) Adjoint, (*ou*) Commissaire de police, faire une perquisition dans sa maison, ce à quoi il a consenti.

Par l'effet de cette perquisition, j'ai trouvé dans une salle au rez de chaussée, et caché derrière un buffet, un grand sac de toile, dont l'intérieur était encore empreint de terre humide.

----

(1) S'il n'y a personne ou que le prévenu refuse l'ouverture de sa maison, le garde champêtre fait ouvrir les portes par un serrurier qu'il requiert à cet effet, et le procès-verbal fait mention du tout. S'il y a résistance de la part du prévenu, le Maire ou le garde requiert l'assistance de la force publique, et la résistance est constatée.

J'ai aussi trouvé dans un petit cellier, derrière des planches, des pommes de terre fraîchement arrachées, qui étaient encore couvertes de terre humide, et qui m'ont paru être en même quantité que les pommes de terre enlevées de la pièce du sieur L...

Interpellé, par moi, de déclarer d'où lui proviennent ces pommes de terre, Pierre N... m'a répondu qu'à la vérité il n'avait pas, cette année, récolté de pommes de terre, mais qu'il avait acheté celles-ci au dernier marché de..., qu'il ne connaissait pas l'individu qui les lui avait vendues, et que personne n'était présent lors de l'achat qu'il en avait fait.

J'ai pris plusieurs de ces pommes de terre; je me suis rendu sur la pièce de terre du sieur L..., et là, en présence de M. le Juge de paix, (*ou*) Maire, (*ou*) Adjoint, (*ou*) Commissaire de police qui a continué de m'assister, et de Pierre N..., prévenu, qui m'avait volontairement suivi sur la sommation que je lui en avais faite, j'ai comparé ces pommes de terre avec des pommes de terre que j'ai extraites moi-même de ladite pièce de terre, et j'ai reconnu que les unes et les autres étaient de même nature, espèce et qualité.

(Si le garde n'a pas les connaissances suffisantes pour faire lui-même la vérification, il appelle un expert, auquel il fait préalablement prêter serment, formalité qu'il exprime.)

Revenu à la maison de Pierre N..., pour mettre la justice à portée de renouveler cette vérification, j'ai conservé pour échantillon les pommes de terre par moi extraites de la pièce de terre du sieur L..., et les ai renfermées dans un petit sac de toile grise, que j'ai clos et étiqueté, et que M. le Juge de paix, (*ou*) Maire, (*ou*) Adjoint, (*ou*) Commissaire de police a scellé du sceau de la Justice de paix, (*ou*) de la Mairie.

Quant aux pommes de terre trouvées chez Pierre N..., je les ai renfermées dans un grand sac de toile grise, que j'ai également clos et étiqueté, et M. le Juge de paix, (*ou*) Maire, (*ou*) Adjoint, (*ou*) Commissaire de police a apposé le sceau de la Mairie tant sur ce second sac que sur le sac trouvé derrière le buffet; pour, le tout, servir de pièces de conviction et être déposé entre les mains du sieur..., aubergiste en cette commune, désigné par arrêté de M. le Maire pour recevoir les animaux et les objets mis en fourrière ou séquestrés.

Comme j'allais me retirer, le nommé Pierre N... m'a avoué, en présence de M. le Juge de paix, (*ou*) Maire, (*ou*) Adjoint, (*ou*) Commissaire de police, qu'il avait en effet eu le malheur de prendre, pendant la nuit dernière, dans la pièce du sieur L..., les pommes de terre trouvées chez lui, et que, pour cet enlèvement, il s'était servi du sac trouvé derrière son buffet.

De ce que dessus, j'ai dressé le présent procès-verbal, qui a été clos à... heures de..., dont j'ai donné lecture audit Pierre N..., et qui a été signé à chaque feuillet par M. le Juge de paix, (*ou*) Maire, (*ou*) Adjoint, (*ou*) Commissaire de police, et par moi. Quant à Pierre N..., il a déclaré ne savoir signer, de ce interpellé suivant la loi.

(Le garde champêtre n'oublie pas de mettre les noms, prénoms, professions et demeures des parties qui sont connues, et fait timbrer et enre-

gistrer en DÉBET son *procès-verbal. Il se fait remettre, par le séquestre, un reçu détaillé des pièces de conviction déposées et le joint au procès-verbal.)*

N.º 3;

Procès-verbal de garde forestier.

L'an mil huit cent..., le..., heure de..., je sous-signé N..., garde forestier de la couronne pour la forêt, (*ou*) les bois de..., résidant à..., ayant serment en justice, certifie qu'étant décoré du signe caractéristique de mes fonctions, et faisant ma tournée ordinaire dans la forêt, (*ou*) dans les bois confiés à ma garde, étant parvenu au triage de..., dans une vente de... ans de recrue, j'y ai trouvé le nommé Pierre N..., journalier, demeurant à..., lequel était occupé à couper, à l'aide d'une serpe, deux corps d'arbres sur pied, et verts; l'un, essence de chêne et portant... centimètres de tour; l'autre, essence de châtaigner et portant... centimètres de tour. J'ai rapproché des souches les deux corps d'arbres coupés, et j'ai reconnu qu'ils s'y adaptaient parfaitement.

J'ai saisi le bois coupé en délit par ledit Pierre N..., ainsi que la serpe dont il s'était servi pour commettre le délit.

J'ai déclaré à Pierre N..., que j'allais dresser procès-verbal contre lui.

De ce que dessus, j'ai dressé le présent procès-verbal, que j'ai signé à chaque feuillet.

(Le garde fait viser pour timbre, et enre-gistrer en DÉBET son procès-verbal, et dépose au séquestre les objets, instrumens et animaux saisis

comme il est expliqué dans la circulaire. Du reste, les gardes forestiers procèdent dans la même forme que les gardes champêtres, et font les perquisitions avec les mêmes formalités.

Les gardes champêtres et forestiers des particuliers procèdent aussi de même; ils nomment dans leurs procès-verbaux les personnes dont ils sont gardes, la situation des propriétés de ces personnes, et le lieu précis de ces propriétés où s'est commise l'infraction ; ils se servent de papier timbré et font enregistrer leurs actes.)

N.º 4.

Rapport de garde champêtre ou forestier.

L'an mil huit cent..., le..., heure de...

Par-devant nous Juge de paix du canton de..., (*ou*) Maire, (*ou*) Adjoint, (*ou*) Commissaire de police de la commune de...

Est comparu le sieur N..., garde champêtre, (*ou*) garde forestier, etc., résidant à..., ayant serment en justice, lequel nous a fait rapport que cejourd'hui, à..., heure de..., étant décoré du signe de ses fonctions, et faisant sa tournée, etc. (*Le reste comme dans les modèles ci-dessus.*)

Duquel rapport, il a requis acte que nous lui avons octroyé ; et après que nous lui avons eu donné lecture dudit rapport, il l'a signé avec nous à chaque feuillet.

N.º 5.

Affirmation de procès-verbal du garde champêtre ou forestier.

L'an mil huit cent..., le..., heure de...

Par-devant nous Juge de paix du canton de...,

(*ou*) par-devant nous suppléant du Juge de paix du canton de..., faisant pour l'empêchement du Juge de paix, (*ou*) par-devant nous Maire, (*ou*) Adjoint de la commune de..., faisant pour l'empêchement du Juge de paix de ce canton, et de ses suppléans, est comparu le sieur N..., garde champêtre de la commune de..., y demeurant, (*ou*) garde champêtre particulier des propriétés rurales de M..., situées dans la commune de..., y demeurant..., (*ou*) garde forestier de la couronne pour la forêt, (*ou*) les bois de..., résidant commune de..., (*ou*) garde forestier de la commune de..., (*ou*) garde particulier des bois du sieur..., situés dans la commune de..., y demeurant; lequel a affirmé sincère et véritable le procès-verbal ci-dessus. De laquelle affirmation, il a requis acte que nous lui avons octroyé, et il a signé avec nous.

(Quand le garde champêtre ou forestier n'a pas dressé de procès-verbal, et qu'il a fait un rapport devant le Juge de paix, le Maire, etc., ce rapport doit être aussi affirmé dans les vingt-quatre heures. Si c'est le Juge de paix qui reçoit le rapport, il peut, immédiatement et par le même acte, recevoir l'affirmation. Si le rapport est reçu par un autre officier que le Juge de paix, il est affirmé dans les vingt-quatre heures devant le Juge de paix, ou, en cas d'empêchement, devant le fonctionnaire chargé de le suppléer.)

N.º 6.

Réquisitoire du ministère public près le tribunal de police pour faire fixer le dommage.

Nous Maire, (*ou*) Adjoint, (*ou*) Commissaire

de police de la commune de..., (*ou*) de la ville de..., exerçant les fonctions du ministère public près le tribunal de police du canton de..., (*ou*) de la ville de...

Requérons M. le Juge de paix, président de ce tribunal, d'estimer, (*ou*) de faire estimer, conformément à l'article 148 du Code d'Instruction criminelle, les dommages causés par la contravention que le sieur Pierre N..., est prévenu d'avoir commis à l'article...

Fait à..., le...

N.º 7.

Procès-verbal d'estimation de dommage, rédigé par le Juge de paix.

L'an mil huit cent..., le..., heure de...

Nous Juge de paix, président du tribunal de police du canton de..., (*ou*) de la ville de...

Procédant en vertu de l'article 148 du Code d'Instruction criminelle, sur la réquisition de M. le Maire, (*ou*) de M. l'Adjoint, (*ou*) de M. le Commissaire de police de la commune de..., (*ou*) de la ville de..., exerçant les fonctions du ministère public près ce tribunal, (*ou bien*) sur la réquisition du sieur L...., partie civile contre Pierre N...

Nous nous sommes transportés dans une maison, (*ou*) dans une pièce de terre, située commune de..., lieu de..., (*ou*) ville de..., rue de..., appartenant à L...., partie civile, à l'effet d'y estimer (*ou*) faire estimer le dommage que Pierre N... est prévenu d'y avoir commis en contravention à l'article...

Arrivés dans ladite maison, (*ou*) sur ladite

pièce de terre, nous y avons trouvé, (*ou bien*) sont comparus les sieurs L..., partie civile, et Pierre N..., prévenu que nous avions fait avertir de notre transport, (*ou*) qui avaient été cités à la requête du ministère public, (*ou*) de L..., partie civile, par exploit de..., huissier, en date du...

(*Si les parties ne comparaissent pas, on donne défaut contre elles et l'on procède en leur absence.*)

Nous avons examiné le dommage en présence des parties, dont nous avons entendu les observations respectives, et nous l'avons estimé à la somme de...

(*Ou bien*) Nous avons requis le sieur N..., expert, par nous nommé d'office, de procéder à l'évaluation du dommage en question.

Ledit expert a prêté entre nos mains le serment de donner son avis en son honneur et conscience ; et après avoir entendu les observations respectives des parties, il nous a déclaré qu'il estimait ledit dommage à la somme de...

De ce que dessus, nous avons dressé le présent procès-verbal, dont nous avons donné lecture à l'expert et aux parties qui l'ont signé avec nous, excepté le sieur N..., qui a déclaré ne savoir signer, de ce interpellé selon la loi.

(*Si c'est le ministère public qui requiert l'estimation, ce procès-verbal est visé pour timbre et enregistré en* DÉBET ; *si c'est la partie civile, le procès-verbal doit être timbré et enregistré.*)

N.º 8.

Commission pour estimation de dommage.

Nous Juge de paix, président du tribunal de

police du canton de..., (*ou*) de la ville de...

Sur la réquisition de M. le Maire, (*ou*) de M. l'Adjoint, (*ou*) de M. le Commissaire de police de la commune de..., (*ou*) de la ville de..., exerçant les fonctions du ministère public près ce tribunal ;

(*Ou*) Sur la réquisition du sieur L..., partie civile contre Pierre N...

Commettons, conformément à l'art. 148 du Code d'Instruction criminelle, M le Maire, ou, en cas d'empêchement, M. l'Adjoint de la commune de..., ou M. le Commissaire de police de la ville de..., afin de procéder par lui-même, (*ou*) avec l'assistance du sieur N..., expert, que nous nommons d'office, (*ou*) avec l'assistance de l'expert qu'il nommera d'office, à l'estimation du dommage que le sieur Pierre N... est prévenu d'avoir, en contravention à l'article..., commis dans une maison, (*ou*) sur une pièce de terre, sise susdite commune de..., lieu dit..., (*ou*) dans cette ville, rue..., et appartenant au sieur L...; et de faire cette estimation contradictoirement avec lesdits sieurs N... et L..., ou eux dûment appelés.

De laquelle opération il dressera procès-verbal qu'il nous enverra, pour être ensuite, par le ministère public, requis, et, par nous, ordonné ce qu'il appartiendra.

Fait à..., le...

(*Même observation relativement au timbre et à l'enregistrement, que pour le procès-verbal d'estimation dressé par le Juge de paix.*)

N.º 9.

*Procès-verbal d'estimation de dommage dressé
par le Maire, ou l'Adjoint, ou le Commissaire
de police en vertu de la commission du Juge
de paix.*

L'an mil huit cent... le... heure de...

Nous Maire, (*ou*) Adjoint du Maire de la
commune de..., (*ou*) Commissaire de police de
la ville de...

En exécution de la commission à nous donnée
le..., par M. le Juge de paix, président du tribunal de police du canton de..., (*ou*) de la
ville de..., sur la réquisition de M. le Maire,
(*ou*) de M. l'Adjoint, (*ou*) de M. le Commissaire de police de la commune de..., (*ou*) de
la ville de..., exerçant les fonctions du ministère
public près ledit tribunal ; (*ou*) sur la réquisition du sieur L..., partie civile contre Pierre N... ;
à l'effet, conformément à l'article 148 du Code
d'Instruction criminelle, d'estimer, (*ou*) de faire
estimer le dommage que le sieur Pierre N... est
prévenu d'avoir, en contravention à l'article... ;
commis dans une maison, (*ou*) sur une pièce
de terre, sise susdite commune de..., lieu dit...,
(*ou*) en cette ville, rue de..., et appartenant
au sieur L... ; et de faire cette estimation contradictoirement avec lesdits sieurs N... et L...,
ou eux dûment appelés ; .

Nous nous sommes transportés dans ladite
maison, (*ou*) sur ledit champ, et nous y avons
trouvé, (*ou bien*) sont comparus lesdits sieurs
L..., partie civile, et Pierre N... prévenu, que
nous avions fait avertir de notre transport, (*ou*)
qui avaient été cités à la requête du ministère

public, (*ou*) de L..., partie civile, par exploit de..., huissier, en date du...

Nous avons examiné, etc. (*Le reste comme dans le modèle du procès-verbal d'estimation dressé par le Juge de paix, à l'exception que, quand l'officier commis fait faire l'estimation par un expert que le Juge de paix a laissé à sa nomination, il l'exprime.*)

Nota. *Même observation relativement au timbre et à l'enregistrement, que pour le procès-verbal d'estimation dressé par le Juge de paix.*)

N.º 10.

Cédule de citation en cas d'urgence.

Nous Juge de paix, président du tribunal de police du canton, (*ou*) de la ville de...

En vertu du § 2 de l'article 146 du Code d'Instruction criminelle ;

Attendu l'urgence ;

Mandons et ordonnons à tous huissiers sur ce requis, de citer à la requête du ministère public près ce tribunal, à comparaître cejourd'hui même heure de..., en l'audience publique de ce tribunal ;

1.º Le sieur Pierre N... (profession), demeurant à..., prévenu de contraventions à l'article... ;

2.º Le sieur N... (profession), demeurant à..., civilement responsable de cette contravention ;

3.º Le sieur L... (profession), demeurant à..., plaignant, (*ou*) partie civile ;

4.º

5.º

Ces deux derniers témoins.

Fait à Paris, le...

N.º 11.

Citation.

L'an mil huit cent..., le..., (1) à la requête de M. le Maire, (*ou*) de M. l'Adjoint du Maire, (*ou*) de M. le Commissaire de police, (*ou*) de M..., membre du conseil municipal de la commune, (*ou*) ville de..., exerçant les fonctions du ministère public près le tribunal de police do canton, (*ou*) de la commune, (*ou*) de la ville de..., pour lequel domicile est élu au greffe du tribunal de police de ce canton, (*ou*) en la maison commune dudit lieu, j'ai..., huissier..., soussigné, donné assignation,

1.º Au sieur Pierre N..., prévenu, parlant à...

2.º Au sieur M..., au nom et comme civilement responsable dudit Pierre N..., parlant à...

3.º Au sieur L..., plaignant, (*ou*) partie civile, parlant à...

4.º Au sieur, parlant à...

5.º An sieur..., parlant à....

Ces deux derniers témoins;

A comparaître en personne le..., heure de..., en l'audience du tribunal de police du canton, (*ou*) de la ville de..., séant à..., (*ou*) à l'audience du tribunal de police de la commune de..., séant en la maison commune dudit lieu;

Pour, à l'égard du sieur Pierre N..., répondre

---

(1) *Si le Juge de paix a donné une cédule à cause d'urgence, l'huissier en fait mention ainsi :* En vertu de la cédule délivrée cejourd'hui par M. le Juge de paix, attendu l'urgence, et à la requête, etc. (*l'huissier laisse une copie de la cédule aux personnes citées.*

En terminant l'exploit, il ajoute :) Et j'ai, à chacun des susnommés, en parlant comme dessus, laissé copie tant de la cédule susénoncée que du présent.

sur les faits de contravention à l'article..., dont il est prévenu par la plainte du sieur L..., (*ou*) par la dénonciation du sieur..., (*ou*) par le procès-verbal, (*ou*) rapport fait le..., par...

A l'égard du sieur M..., pour s'expliquer sur les faits de responsabilité civile, résultant de la contravention à l'article..., dont est prévenu Pierre N..., par la plainte, etc.

A l'égard du sieur L..., pour être entendu comme plaignant, (*ou*) partie civile, sur les faits de contravention contenus en sa plainte contre Pierre N..., (*ou*) en la dénonciation du sieur..., contre Pierre N..., (*ou*) au procès-verbal dressé, etc., et prendre, si bon lui semble, telles conclusions qu'il avisera;

Et à l'égard des autres personnes citées, pour déposer comme témoins sur les faits de contravention dont il leur sera donné connaissance; leur déclarant qu'en comparaissant ils seront taxés conformément à la loi, s'ils le requièrent; et que, faute de comparaître et de justifier d'empêchement légitime, ils seront condamnés aux peines portées par la loi contre les témoins défaillans.

Et j'ai, à chacun des susnommés, en parlant comme dessus, laissé copie du présent.

(Nota. *Faire viser pour timbre et enregistrer en* DÉBET : *employer du papier timbré et faire enregistrer, si la citation est donnée à la requête du plaignant.*)

Citation par simple avertissement.

(*Cet avertissement est envoyé et laissé individuellement à chaque partie et à chaque témoin.*)

Le président du tribunal de police du canton, (*ou*) de la ville, (*ou*) de la commune de.....

Sur

Sur la réquisition du ministère public près ce tribunal, (*ou*) du sieur L..., plaignant ; et en vertu de l'article 147 du Code d'Instruction criminelle (*s'il s'agit de comparution devant le tribunal de police du canton*), (*ou*) de l'article 169 du Code d'Instruction criminelle (*s'il s'agit de comparution devant le tribunal de police de la commune*) ;

Avertit le sieur Pierre N... de comparaître à l'instant, (*ou*) le..., heure de..., en l'audience du tribunal de police de ce canton, séant à... (*ou*) de cette ville, séant à..., (*ou*) de cette commune, séant dans la maison commune, pour répondre, etc. (*Voyez, à cet égard, le modèle de citation ci-dessus.*)

Fait à..., le... (signature.)

(*L'avertissement donné aux autres parties se fait dans la même forme, en vertu du même article, et on y exprime, pour chacune le motif de la comparution, comme dans le modèle de citation ci-dessus.*

L'avertissement est donné à chaque témoin en vertu de l'article 147 du Code d'Instruction criminelle s'il s'agit de comparaître devant le tribunal de police de canton, ou en vertu de l'article 170 s'il s'agit de comparaître devant le tribunal de police de commune, pour déposer sur les faits de contravention dont il lui sera donné connaissance, avec déclaration qu'en comparaissant, il sera taxé s'il le requiert.)

N.º 12.

Jugemens du tribunal de police.

1.º *Jugement contradictoire.*

LOUIS, PAR LA GRACE DE DIEU, etc.

Le tribunal de police du canton de..., (*ou*) de la commune, (*ou*) ville de..., a rendu le jugement suivant :

(Qualités des parties.)

Entre M. le Maire, (*ou*) M. l'Adjoint du Maire, (*ou*) M. le Commissaire de police, (*ou*) M.., membre du conseil municipal de la commune, (*ou*) ville de..., exerçant les fonctions du ministère public près ce tribunal, demandeur d'une part ;

Le sieur Pierre N..., demeurant à... prévenu, comparant en personne, d'autre part ;

(S'il y a une partie civilement responsable, on ajoute :)

Et le sieur M..., demeurant à..., comme civilement responsable des faits du prévenu, comparant en personne, aussi d'autre part ;

(S'il y a une partie civile, on ajoute encore :)

En présence du sieur L..., demeurant à..., partie civile, comparant en personne, encore d'autre part.

(Si la citation est donnée par la partie civile elle-même, on substitue ceci :)

Entre le sieur L..., etc., partie civile et demandeur, comparant, etc., d'une part ;

Le sieur Pierre N..., etc., prévenu, comparant, etc., d'autre part ;

Et le sieur M..., etc., civilement responsable, etc., aussi d'autre part ;

En présence de M. le Maire, etc., exerçant les fonctions, etc., encore d'autre part.

(Si le ministère public et la partie civile ont respectivement cité, on substitue ceci :)

Entre M. le Maire, etc., demandeur, d'une part ;

Le sieur Pierre N..., etc., prévenu, etc.,
d'autre part;

Et le sieur M..., comme civilement responsable, etc., aussi, d'autre part.

En présence du sieur L..., etc., partie civile,
etc., encore d'autre part.

Encore entre le sieur L..., etc., partie civile
et demandeur d'une part;

Le sieur Pierre N..., etc., prévenu, etc.,
d'autre part;

Et le sieur M..., etc., comme civilement
responsable, etc., aussi d'autre part;

En présence de M. le Maire, etc., exerçant
les fonctions, etc., encore d'autre part. (1)

(Débat.)

La cause appelée, le greffier fait lecture du
procès-verbal (*ou*) rapport fait le... par...,
duquel il résulte que (*exposer très-sommaire-
ment les faits*)...

Le ministère public expose que par exploit
de..., huissier, en date du..., il a fait citer,
(*ou bien*) que par un avertissement en date
du..., le président a appelé en ce tribunal Pierre
N..., prévenu de contravention à l'article...,

---

(1) Le prévenu peut comparaître par un fondé de pouvoir; dans
ce cas, on exprime, dans les qualités, la comparution du prévenu
ainsi : *Comparant par le sieur N..., demeurant à..., au nom
et comme fondé de sa procuration spéciale, passée le..., devant
M*e*..., notaire à...*
S'il n'y a pas de partie civilement responsable, ou de partie civile,
on supprime, dans les qualités, les débats et le jugement, tout ce
qui a rapport à ces parties dans le présent modèle.
Il est inutile de faire observer que, dans ce modèle, comme dans
les autres, ce qui est mis en *italique* ne sert que d'indication et ne
doit pas s'insérer dans un acte véritable, et que, quand plusieurs cas
sont prévus dans le modèle, on doit choisir celui qui se rapporte à
l'acte que l'on a à dresser ou au jugement que l'on a à rendre.

et le sieur M..., comme civilement responsable de cette contravention.

(Si c'est la partie civile qui a cité ou appelé le prévenu,) on substitue ceci :)

Le sieur L... expose que par exploit de..., huissier, en date du..., dûment enregistré, il a fait citer, (*ou*) qu'il a volontairement amené en ce tribunal, (*ou*) que M. le Président a le *(tel jour)* averti de comparaître à ce tribunal; 1.º Pierre N..., pour être condamné à la réparation de la contravention par lui commise à l'article...; 2.º et le sieur M..., comme civilement responsable de cette contravention; sauf au ministère public à prendre pour la vindicte publique telles conclusions qu'il appartiendra. (1)

L'huissier de service, (*ou*) le greffier *(s'il n'y a pas d'huissier)*, fait l'appel des témoins, et les fait retirer dans la chambre qui leur est destinée.

Le président demande au prévenu ses noms, prénoms, âge, profession, domicile, et le lieu de sa naissance.

Le prévenu répond : je me nomme Pierre N..., né à..., âgé de..., ans, (profession), domicilié à...

Le président interroge Pierre N... sur la contravention dont il est prévenu.

_____

(1) Si, dans les citations, on n'a pas observé les délais et les formalités prescrites par l'art. 146 du Code d'Instruction criminelle, ou si les exploits d'assignation manquent d'une formalité prescrite à peine de nullité, et que la partie intéressée à demander l'annullation de la citation, conclût à cette nullité, le tribunal la prononce, et il faut alors une nouvelle citation pour le saisir. La nullité doit se proposer avant l'ouverture des débats, autrement elle est ouverte, et l'on n'est plus recevable ensuite à la faire valoir. Si la demande en nullité proposée en temps utile n'est pas fondée, le tribunal, en la rejetant, ordonne qu'il sera à l'instant passé outre aux débats et au jugement.

N... répond que (*mettre ici, en très-peu de mots, sa réponse*)...

Les témoins sont introduits et entendus en leurs dépositions successivement et séparément les uns des autres, après avoir individuellement fait le serment de dire toute la vérité, rien que la vérité, et déclaré qu'ils ne sont parens ni alliés du prévenu, si ce n'est le sieur..., qui a déclaré être beau-frère du prévenu, et qui n'a été entendu que parce que le ministère public, ni la partie civile ne se sont point opposés à son audition.

(*S'il y a opposition à l'audition de ce témoin, on procède et on statue ainsi :*)

Le ministère public, (*ou*) le sieur M..., partie civile, (*ou*) le prévenu, s'oppose à ce que le le sieur..., beau-frère du prévenu, soit entendu comme témoin.

Le tribunal, vu l'article 156 du Code d'Instruction criminelle, lequel est ainsi conçu (*l'insérer*):

Attendu qu'aux termes de cet article, les ascendans ou descendans de la personne prévenue, ses frères et sœurs ou alliés au même degré, sa femme ou son mari, même après le divorce prononcé, ne peuvent jamais être entendus en témoignage, quand, soit le ministère public, soit la partie civile, soit le prévenu, s'y opposent :

Ordonne que le sieur..., beau-frère du prévenu, ne sera point entendu.

Témoins cités, (*ou*) appelés par le ministère public.

1.° Pierre A..., âgé de... ans, (profession), demeurant à..., lequel déclare que... (*Le greffier doit tenir note séparée et signée des principales dépositions de chaque témoin, par quelque partie qu'il soit produit.*)

2.º etc.

Témoins cités, (*ou*) amenés par la partie civile.

1.º etc.

Témoins cités, (*ou*) amenés par le prévenu.

1.º etc.

Pendant les débats, les pièces de conviction ont été représentées au prévenu, à la partie civile, et à ceux des témoins qui s'en sont expliqués.

Le sieur M..., partie civile, conclût à...

Le sieur Pierre N..., prévenu, propose sa défense, et conclût à...

Le sieur L..., appelé comme civilement responsable, conclût à...

Le ministère public résume la cause, et requiert que...

Le prévenu propose ses observations.

(Question et prononcé du jugement :)

(1.º Dans le cas où il n'y a pas d'infraction.)

Question.

Le fait dont est prévenu Pierre N... est-il une infraction à la loi ?

Quelles sont celles des conclusions des parties qui sont fondées et qui doivent être adjugées ?

Le tribunal, après avoir entendu la lecture du procès-verbal dressé le..., par...; ouïs les témoins dans leurs dépositions, le prévenu dans ses défenses, observations et conclusions, M..., appelé comme civilement responsable, et la partie civile en leurs conclusions respectives, ensemble le ministère public en son réquisitoire;

Jugeant en dernier ressort;

Attendu que le fait imputé à Pierre N... ne constitue aucune infraction à la loi;

Prononçant en vertu des articles 159 et 162

du Code d'Instruction criminelle, qui sont ainsi conçus (*les insérer*) :

Annule la citation (*ou en cas de simple avertissement ou de comparution volontaire*), annulle la poursuite, ensemble tout ce qui a suivi;

Faisant droit sur les conclusions de Pierre N... et de M..., contre la partie civile,

Attendu que....

Condamne L..., partie civile, à payer à titre de dommages-intérêts, à Pierre N..., la somme de.., et à M... celle de...

Condamne, en outre, ledit L... aux frais du procès, tant envers l'État, qu'envers lesdits N... et M...

(*Dans le cas où l'infraction est un délit ou un crime.*)

Question.

Le tribunal de police est-il compétent pour connaître de l'infraction dont est prévenu Pierre N...?

Le tribunal après avoir entendu, etc.

Jugeant en dernier ressort;

Attendu que l'infraction dont est prévenu Pierre N... est un délit prévu par... (*ou*) un crime prévu par...

Prononçant conformément à l'article 160 du Code d'Instruction criminelle, lequel est ainsi conçu (*l'insérer*) :

Renvoie les parties devant M. le Procureur du Roi près le tribunal de première instance de ce département;

Ordonne que le présent jugement sera exécuté à la diligence du ministère public.

(*3.º Dans le cas où le Juge de paix seul doit connaître de l'infraction.*)

Question.

Le tribunal est-il compétent pour connaître de la contravention dont est prévenu Pierre N...?

Le tribunal, après avoir entendu, etc.

Attendu qu'aux termes du §... de l'article 139 et de l'article 166 du Code d'Instruction criminelle, la connaissance de la contravention dont est prévenu Pierre N..., est exclusivement attribuée au tribunal de police présidé par le Juge de paix;

Jugeant en dernier ressort;

Se déclare incompétent, et renvoie les parties devant le tribunal de police présidé par le Juge de paix du canton;

Ordonne que le présent jugement sera exécuté à la diligence du ministère public.

(4.° *Dans le cas où la contravention n'est pas prouvée.*)

Question.

Pierre N... est-il coupable de la contravention dont il est prévenu?

Quelles sont celles des conclusions des parties qui sont fondées et qui doivent être adjugées?

Le tribunal, après avoir entendu, etc.;

Jugeant en dernier ressort;

Attendu qu'il n'est pas prouvé que...

Renvoie ledit Pierre N... de la prévention de contravention à l'article....

Faisant droit sur les conclusions dudit Pierre N... et de M..., contre L..., partie civile....

Attendu que....

Condamne L..., partie civile, à payer, à titre de dommages-intérêts, à Pierre N..., la somme de..., et à M..., celle de...

Le condamne, en outre, aux frais du procès, tant envers l'État, qu'envers N... et M..., conformément à l'article 162 du Code d'Instruction criminelle qui porte *(l'insérer)* :

(Dans le cas où la contravention est prouvée.)

Question.

Pierre N..., est-il coupable de la contravention dont il est prévenu ?

M... doit-il être déclaré civilement responsable de cette contravention ?

Quelles sont celles des conclusions des parties qui doivent être adjugées ?

Le tribunal, après avoir entendu, etc.

Jugeant en premier ressort (1) ;

Attendu qu'il résulte du procès-verbal susénoncé, *(ou)* des débats, la preuve que... ;

Que cette infraction constitue une contravention prévue par l'article, *(ou)* par les articles... ;

Faisant application tant dudit, *(ou)* desdits articles, que des articles 161, 162 du Code d'Instruction criminelle, 467, 469 et 470 du Code Pénal, lesquels articles sont ainsi conçus *(les insérer)* :

Condamne Pierre N... à... jours d'emprisonnement, et par corps, à... francs d'amende ;

Ordonne que *(désigner les objets)*... qui forment le corps de la contravention, *(ou)* qui sont produits par la contravention, *(ou)* qui

(1) On exprime ici que le jugement est en premier ressort, parce que, dans ce modèle, il porte emprisonnement : mais, d'après l'article 172 du Code d'Instruction criminelle, lorsqu'aucun emprisonnement n'est prononcé, ou que les amendes, restitutions et autres réparations civiles n'excèdent pas 5 francs, outre les dépens, le jugement n'étant pas susceptible d'appel est en dernier ressort, et on doit le qualifier ainsi.

ont servi, (*ou*) qui étaient destinés à commettre la contravention, seront et demeureront confisqués : (*si le condamné, est saisi des choses confisquées, on ajoute :*) Enjoint à cet effet, à Pierre N... de les représenter et déposer au greffe, (*ou*) à la mairie, dans les... jours du présent jugement, sinon et faute par lui de ce faire, le condamne, dès-à-présent, par corps pour tenir lieu de ladite confiscation, à payer la somme de... entre les mains du Receveur de la régie des domaines et de l'enregistrement ;

(*Si les choses séquestrées et frappées de confiscation doivent être détruites d'après la loi, le tribunal prononce de cette manière :*) Ordonne que, conformément à l'article.... les... déposés au greffe, (*ou*) entre les mains du sieur....., séquestre, (*ou*) qui sont (*ou*) seront représentés par le prévenu, seront répandus, (*ou*) mis sous le pilon, (*ou*) détruits par le greffier du tribunal, (*ou*) par le sieur..., huissier, qui en dressera procès-verbal, lequel vaudra bonne et valable décharge au dépositaire ;

Faisant droit sur les conclusions de la partie civile ;

Attendu que... ;

Condamne Pierre N..., par corps, à payer au sieur L... la somme de..., pour réparation de la contravention dont il est déclaré coupable ; et ce, suivant l'estimation du dommage contenue au procès-verbal qui constate le délit, (*ou*) d'après l'estimation du dommage que, conformément à l'article 148 du Code d'Instruction criminelle, le tribunal a fait faire par le sieur..., expert, (*ou*) que le tribunal a faite d'office ;

(*Si les objets saisis ou représentés par le*

prévenu appartiennent à la partie civile et sont susceptibles de restitution, parce qu'ils ne blessent pas les mœurs, qu'ils ne sont pas nuisibles, etc., au lieu d'en prononcer la confiscation comme on l'a fait plus haut dans ce modèle, le tribunal statue ainsi :)

Ordonne que... déposés au greffe, (*ou*) entre les mains du sieur..., séquestre, (*ou*) représentés par le prévenu, seront restitués à L...; à quoi faire, le greffier, (*ou*) le sieur..., séquestre, sera contraint; et, quoi faisant, valablement quitte et déchargé. (*Si le prévenu est détenteur des objets à restituer, le tribunal prononce de cette autre manière :*) Condamne Pierre N... à restituer (*désigner les objets*)... à M..., sinon et faute de ce faire dans les... jours de la signification du présent jugement, le condamne, dès-à-présent, par corps, à payer à M... la somme de..., pour la valeur des objets non restitués;

Condamne Pierre M..., par corps, au remboursement des frais du procès, tant envers l'État qu'envers la partie civile; et néanmoins, conformément à l'article 157 du décret du 18 juin 1811 ainsi conçu (*l'insérer*): Déclare L..., partie civile personnellement tenue des frais faits par l'État, sauf son recours contre N... prévenu, et contre M... civilement responsable (1);

Et attendu que la contravention commise par Pierre N... a eu lieu dans les fonctions auxquelles il était préposé par M...

(*Ou bien*) Vu l'article..., lequel est ainsi conçu (*l'insérer*):

Attendu que, par cet article, M... est déclaré

---

(1) Dans tous les cas où le prévenu est condamné aux frais envers l'État, la partie civile doit en être ainsi déclarée responsable.

civilement responsable de la contravention commise par Pierre N...

Condamne M... comme civilement responsable
du fait dudit Pierre N..., solidairement avec
lui, en tous les dommages-intérêts, indemnités,
restitutions et frais auxquels Pierre N... a été
condamné, tant envers l'État, qu'envers la partie
civile ;

*(S'il n'y a pas lieu à responsabilité civile,
le tribunal prononce, au contraire, ainsi :)*

Attendu que la contravention commise par
Pierre N... n'a pas eu lieu dans les fonctions
auxquelles il était proposé par M..., (*ou*) que
M... n'est pas déclaré par la loi responsable de
la contravention commise par Pierre N...;

Renvoie M... de l'action à fins de responsabilité civile contre lui intentée, et condamne
L..., partie civile, aux frais envers ledit M...;

Ordonne qu'en ce qui concerne la vindicte
publique, le présent jugement sera exécuté à
la diligence du ministère public.

Fait et jugé en l'audience publique du tribunal
de police du canton de..., (*ou*) de la commune,
(*ou*) ville de..., tenue le..., mil huit cent...,
par M..., Juge de paix dudit canton, (*ou*) de
ladite ville, (*ou*) par M..., Maire, (*ou*) par
M..., Adjoint de ladite commune, qui a signé
la minute du présent jugement avec le sieur...,
greffier.

2.° *Jugement par défaut.*

*(Si le prévenu, ou la personne civilement
responsable, ou la partie civile ne comparaissent
pas, on fait mention dans les qualités, qu'ils
sont défaillans, et le jugement se prononce ainsi:)*

Le tribunal, après avoir entendu la lecture

du procès-verbal, etc., ouïs, etc. (*exprimer l'audition des témoins et celle des parties comparantes*), ensemble le ministère public, etc.;

Donne défaut contre Pierre N..., prévenu, (*ou*) contre M..., civilement responsable, (*ou*) contre L..., partie civile, non comparant, quoique dûment cité et appelé, et pour le profit;

Jugeant en premier, (*ou*) en premier et dernier ressort;

Attendu, etc. (*Le reste comme dans les jugemens contradictoires. Si c'est la partie civile qui fait défaut, et que le prévenu soit déclaré coupable et condamné à des peines, on ne l'en renvoie pas moins de l'action privée s'il y conclut; et faute par la partie d'avoir continué de poursuivre sur cette action, elle est en outre condamnée aux frais envers le prévenu.*)

3.° *Jugement sur opposition du prévenu à un jugement par défaut.*

LOUIS, etc...
Le tribunal, etc.

(*Qualités des parties.*)

Entre Pierre N..., etc., prévenu et opposant, comparant en personne, (*ou*) défaillant, d'une part;

M. le Maire, etc., exerçant les fonctions, etc., défendeur à ladite opposition, d'autre part;

Et le sieur L..., etc., partie civile, aussi défendeur à ladite opposition, d'autre part;

En présence du sieur M..., etc., comme civilement garant et responsable des faits du prévenu, encore d'autre part.

La cause appelée, le prévenu expose qu'un jugement contre lui rendu par défaut en ce

tribunal, le..., déclare que le tribunal est incompétent pour connaître de l'infraction dont
il est prévenu; (*ou bien*) condamne l'opposant
à..., comme coupable de contravention à l'article...; qu'il s'est rendu opposant à l'exécution
de ce jugement par déclaration en réponse au
bas de l'acte de signification de ce jugement,
(*ou*) par exploit de..., huissier, en date du...,
dûment enregistré, notifié tant au ministère
public qu'à la partie civile, et à M..., civilement responsable.

(*Débats dans le cas où, soit le ministère public, soit la partie civile prétendent que l'opposition n'est pas recevable, qu'elle est non-avenue,
ou qu'elle est nulle.*)

Le ministère public, (*ou*) le sieur L..., partie
civile, conclût à...

Le prévenu conclût à...

Question.

L'opposition de Pierre N... à l'exécution du
jugement contre lui rendu en ce tribunal, le...,
est-elle non-recevable, (*ou*) non-avenue, (*ou*)
nulle?

(*Prononcé de jugement.*)

(1.º *Dans le cas où l'opposition n'est pas
recevable.*)

Le tribunal, ouïs, etc...

Vu les articles 150 et 151 du Code d'Instruction criminelle, lesquels sont ainsi conçus:

Attendu que le jugement par défaut rendu
le..., en ce tribunal, contre Pierre N.... lui
a été signifié par exploit du..., et qu'il n'y a
formé opposition que par exploit du..., c'est-à-
dire plus de trois jours après ladite signification;

Jugeant en premier, (*ou*) en premier et dernier ressort. (*L'emploi de l'une ou de l'autre de ces deux mentions dépend de la nature des condamnations portées par le jugement par défaut.*)

Déclare Pierre N... non-recevable dans son opposition; et conformément à l'article 162 du Code d'Instruction criminelle, ainsi conçu (*l'insérer*), le condamne, par corps, aux frais de l'opposition, tant envers l'État, qu'envers L..., partie civile,

(*2.° Dans le cas ou l'opposition est non-avenue.*)

Attendu qu'aux termes de l'article 151 du Code d'Instruction criminelle, l'opposition formée à un jugement du tribunal de police rendu par défaut, emporte de droit, citation à la première audience après l'expiration des délais, et qu'elle est réputée non-avenue si l'opposant ne comparaît pas;

Attendu que la présente audience est la première après l'expiration des délais, et que Pierre N... n'a pas comparu, quoique dûment appelé;

Donne défaut contre lui, et pour le profit, jugeant en premier, (*ou*) en premier et dernier ressort, déclare l'opposition de Pierre N... non-avenue, et le condamne aux frais de l'opposition, tant envers l'État, qu'envers L..., partie civile;

(*3.° Dans le cas où l'opposition est nulle.*)

Vu l'article..., lequel est ainsi conçu (*l'insérer*):

Attendu que l'exploit contenant l'opposition de Pierre N... manque des formalités prescrites par cet article, à peine de nullité, en ce que...

Jugeant en premier, (*ou*) en premier et dernier ressort, déclare ladite opposition nulle et de nul effet, et condamne Pierre N... aux frais de l'opposition, tant envers l'État, qu'envers L..., partie civile;

(*4.° Dans le cas où l'opposition est valable.*)

Attendu que l'opposition formée par Pierre N... au jugement rendu contre lui par défaut en ce tribunal, le..., est faite dans le délai voulu par la loi, (*ou*) que le prévenu est comparu à la première audience après l'expiration des délais, (*ou*) que l'exploit contenant l'opposition par lui formée est régulière, en ce que...

Jugeant en dernier ressort;

Sans s'arrêter à la fin de non-recevoir, (*ou*) à la nullité proposée par le ministère public, (*ou*) par L..., partie civile, dans laquelle ils sont déclarés mal fondés, ordonne que, pour être statué sur ladite opposition, il sera passé outre aux débats.

(*Débats au fond.*)

En conséquence, le greffier fait lecture du procès-verbal, etc. (*Les débats se font et se constatent comme cela est détaillé dans le premier jugement.*)

Question.

Le tribunal, en faisant droit sur l'opposition de Pierre N..., doit-il maintenir ou rétracter son jugement?

Le tribunal, après avoir entendu lecture du procès-verbal, etc., ouïs les témoins, etc., ensemble le ministère public, etc.;

Reçoit Pierre N... opposant au jugement par défaut contre lui rendu en ce tribunal, le...

Faisant droit sur ladite opposition et jugeant en premier, (*ou*) en premier et en dernier ressort; (*L'emploi de l'une ou de l'autre mention*

tion dépend de la nature de la condamnation prononcée par le premier ou par le second jugement.)

(Jugement.)

(1.º *Dans le cas où le premier jugement est maintenu.)*

Par les motifs exprimés au jugement du..., et s'y référant;

Déboute Pierre N... de son opposition; ordonne que ce jugement sera exécuté purement et simplement, selon sa forme et teneur, et conformément à l'article 162 du Code d'Instruction criminelle, ainsi conçu (*l'insérer*): condamne, par corps, Pierre N... aux frais de l'opposition, tant envers l'État, qu'envers L..., partie civile; et néanmoins d'après l'article 157 du décret du 18 juin 1811, ainsi conçu (*l'insérer*): déclare L..., partie civile, personnellement tenue des frais faits par l'état, sauf son recours contre N... et contre M..., civilement responsable.

(*Le tribunal doit prononcer absolument d'après les mêmes motifs et de la même manière, quand même, par le résultat des nouveaux débats, il reconnaît que l'infraction constitue un crime ou un délit correctionnel, ou qu'il a été appliqué à la contravention une peine inférieure à celle de la loi, parce que l'action publique est épuisée, et que le prévenu n'a pas formé son opposition pour faire aggraver son sort : c'était au ministère public à se pourvoir pour violation des règles de la compétence, ou pour fausse application ou violation de la loi.*)

(2.º *Dans le cas où l'on reconnaît une contravention moins grave.)*

Instruction. 8

Attendu que, par le jugement du... Pierre N... a été déclaré convaincu de contravention à..., et que, par le résultat des nouveaux débats, il n'est coupable que de contravention à...

Réformant ledit jugement, et prononçant par jugement nouveau ;

Faisant application des articles, etc...., condamne, etc. (*Le reste comme dans le modèle du jugement de condamnation.*)

(3.º *Dans le cas où la peine est réduite.*)

Par les motifs exprimés au jugement du...; et s'y référant ;

Déboute Pierre N... de son opposition ; ordonne que ce jugement sera exécuté selon sa forme et teneur ;

Et néanmoins, attendu la preuve de circonstances atténuantes, résultant des nouveaux débats et de la défense de N..., réduit l'emprisonnement à... jours, et l'amende à...

(*Dans le cas où le prévenu est reconnu coupable d'une contravention moins grave, ou dans celui où des circonstances atténuantes résultent des nouveaux débats, le tribunal peut réduire les dommages-intérêts et les indemnités, s'ils se trouvent disproportionnés au tort causé à la partie civile ; mais, dans aucun cas, les peines ne peuvent être réduites au-dessous du minimum fixé par la loi.*)

(4.º *Dans le cas où il n'existe pas d'infraction.*)

Attendu que le fait imputé à Pierre N... ne constitue aucune infraction à la loi ;

Jugeant en dernier ressort ;

Décharge Pierre N... des condamnations contre lui prononcées par le jugement du..., statuant au principal, et prononçant en vertu des articles 159 et 162 du Code d'Instruction criminelle, etc;

Annulle la citation. (*Le reste comme dans le modèle du jugement qui annulle la citation.*)

Fait et jugé, etc..

4.° *Jugement sur opposition de la partie civile à un jugement par défaut.*

LOUIS, etc.

Le tribunal, etc.

Entre le sieur L..., etc., partie civile et opposant, comparant en personne, (*où*) défaillant, d'une part;

Pierre N..., etc., prévenu, comparant, etc., d'autre part;

Et M..., etc., civilement garant et responsable des faits du prévenu, aussi d'autre part;

En présence de M. le Maire, etc., exerçant les fonctions, etc., encore d'autre part.

La cause appelée, le sieur L... expose qu'un jugement contre lui rendu par défaut en ce tribunal, le..., a renvoyé de l'action privée par lui intentée, Pierre N..., prévenu de contravention à l'article..., et M..., civilement responsable des faits du prévenu, (*ou*) a condamné l'opposant à... francs de dommages-intérêts envers Pierre N..., prévenu, et M... civilement responsable, qu'il s'est rendu opposant, etc., (*Le reste de l'exposé se fait comme dans le modèle relatif à l'opposition du prévenu.*)

(*Pour le jugement des fins de non-recevoir, des nullités et du fond, on se dirige d'après les divers modèles ci-dessus. On fera faire ici une seule observation, c'est que le tribunal, soit qu'il adjuge, soit qu'il refuse des dommages-intérêts à la partie civile sur son opposition, ne peut rien changer à son premier jugement en ce qui concerne la compétence, l'absolution du prévenu ou*

l'application des peines, parce que l'action publi-
que est épuisée, et que l'opposition de la partie
civile n'est et ne peut être formée que dans l'in-
térêt privé.)

5.° *Jugement contre un témoin défaillant.*

(1.° *Dans le cas d'un premier défaut.*)

L'huissier de service fait l'appel des témoins.

Le sieur François A..., (profession), demeurant à..., témoin cité à la requête du ministère public, (*ou*) de L..., partie civile, (*ou*) de Pierre N..., prévenu, (*ou*) de M..., civilement garant et responsable, ne répond pas à l'appel.

Le ministère public conclût, à l'égard de ce témoin, à...

Le tribunal, ouï le ministère public en ses conclusions ; attendu que François A..., témoin régulièrement cité, n'a ni comparu, ni justifié d'aucun empêchement légitime ;

Vu les articles 80, 157 et 162 du Code d'instruction criminelle, qui sont ainsi conçus (*les insérer*) :

Jugeant en premier et en dernier ressort ;

Condamne ledit A... à... francs d'amende et aux frais de l'incident ; (*Si le témoin est in-*
dispensable, le tribunal ajoute :) et continue la cause à..., jour auquel il sera cité de nouveau ;

Ordonne que le présent jugement sera exécuté à la diligence du ministère public.

(2.° *Dans le cas d'un second défaut.*)

L'huissier de service fait l'appel des témoins.

Le sieur François A..., (profession), demeurant à..., témoin cité pour la seconde fois à la requête de..., etc., ne répond pas à l'appel.

Le ministère public conclût, à l'égard de ce témoin, à...

Le tribunal, ouï le ministère public en ses conclusions;

Attendu que François A..., témoin régulièrement cité pour la seconde fois, n'a ni comparu, ni justifié d'aucun empêchement légitime;

Vu les articles 80, 157 et 162 du Code d'Instruction criminelle, etc.;

Jugeant en premier et en dernier ressort;

Condamne ledit A... à... francs d'amende et aux frais de l'incident; ordonne, en outre, qu'il sera contraint, par corps, à venir faire sa déposition sur le champ à la présente audience, (*ou*) à l'audience du..., jour auquel le tribunal continue la cause;

Ordonne que le présent jugement sera exécuté à la diligence du ministère public.

(3.º *Sur l'excuse proposée par le témoin.*)

L'huissier fait l'appel des témoins. Le sieur François A..., témoin cité à la requête de, etc., comparaît ou est amené en vertu du jugement du...

(*Ou bien si la comparution a lieu à une audience subséquente :*) Est comparu le sieur François A..., (*ou bien*) le sieur G..., au nom et comme fondé de la procuration spéciale du sieur François A..., passée devant M.^e..., notaire à..., le..., représentée et déposée sur le bureau;

Le sieur François A..., (*ou*) G..., audit nom, expose que..., et demande en conséquence que ledit A..., soit excusé et déchargé des condamnations contre lui prononcées par jugement du...

Le ministère public conclût à...

Le tribunal, ouï François A..., (*ou*) G..., au nom et comme fondé de la procuration de François A..., ensemble le ministère public en ses conclusions;

Vu l'article 158 du Code d'Instruction criminelle, lequel est ainsi conçu (*l'insérer*) :

(Prononcé du jugement dans le cas de justification.)

Attendu que...

Qu'ainsi, François A... justifie d'un empêchement légitime ;

Jugeant en premier et en dernier ressort ;

Le décharge purement et simplement des condamnations contre lui prononcées par le jugement du...

(Dans le cas de non-justification.)

(Ou bien) Attendu que...

Qu'ainsi, François A... ne justifie pas d'un empêchement légitime ;

Sans s'arrêter ni avoir égard aux moyens d'excuse par lui proposés,

Jugeant en premier et en dernier ressort ;

Ordonne que le jugement rendu contre lui le..., sera exécuté purement et simplement, selon sa forme et teneur ;

(Dans le cas des circonstances atténuantes.)

(Ou bien encore :) Ordonne que le jugement contre lui rendu le..., sera exécuté selon sa forme et teneur ; et néanmoins, attendu les circonstances atténuantes qui résultent de la justification de François A..., réduit l'amende prononcée par ledit jugement, à...

Ordonne que le présent jugement sera exécuté à la diligence du ministère public.

Fait et jugé, etc.

N.º 13.

Réquisitoire pour faire amener, en vertu de jugement, un témoin défaillant.

Nous Maire, (*ou*) Adjoint, (*ou*) Commissaire

de police, (*ou*) membre du conseil municipal de la commune, (*ou*) ville de..., exerçant les fonctions du ministère public près le tribunal de police du canton de..., (*ou*) de la commune, (*ou*) ville de...

Vu le jugement de ce tribunal, en date du..., qui ordonne que le sieur François A..., (profession), demeurant à..., sera contraint de venir sur le champ, (*ou*) à l'audience du..., donner son témoignage dans le procès de Pierre N...

Requérons tous huissiers ou agens de la force publique, d'appréhender au corps ledit sieur François A..., et de le conduire en l'audience de police, conformément au jugement susénoncé.

Requérons tous dépositaires de la force publique de prêter main-forte en cas de nécessité pour l'exécution du présent.

Fait à... le...

N.º 14.

Réquisitoire pour exécution d'un jugement de police.

Nous Maire, (*ou*) Adjoint, (*ou*) Commissaire de police, (*ou*) membre du conseil municipal de la commune, (*ou*) ville de...., exerçant les fonctions du ministère public près le tribunal de police du canton, (*ou*) de la commune, (*ou*) ville de...

En vertu du jugement de ce tribunal, en date du..., lequel condamne le nommé Pierre N..., né à..., âgé de..., (profession), demeurant à..., à un emprisonnement de... jours ;

Requérons tous huissiers ou agens de la force

publique, de conduire et écrouer ledit Pierre
N.... dans la prison de cette commune, (*ou*)
dans la prison du chef-lieu du canton, sise à...,
(*ou*) dans celle des prisons de Paris, qui sera
désignée au porteur du présent, par M. le Procureur du Roi près le tribunal de première instance de la Seine ;

Mandons et ordonnons au gardien de ladite
prison de recevoir et garder ledit Pierre N...
pendant le temps déterminé par le jugement
susénoncé ;

Requérons tous dépositaires de la force publique de prêter main-forte en cas de nécessité,
pour l'exécution du présent.

Fait à.... le....

EXTRAITS des jugemens, portant peine d'emprisonnement, qui ont été rendus pendant le... trimestre de l'an..., par le tribunal de police du canton de..., (ou) de la commune, (ou) ville de....

N.ºs d'ordre.	Noms, prénoms, profession, âge, domicile et lieu de naissance du condamné.	Noms, prénoms, profession et demeure de la personne lésée.	Nature de la contravention.	Lieu de la contravention.	Lois appliquées.	Condamnations prononcées.
1.	Pierre N..., né à...., âgé de...ans (profession), demeurant à....	François L... (profession), demeurant à...	Blessure d'un cheval occasionnée par l'emploi d'un fusil, sans précaution.	Paris, quartier de......., rue de......., (ou) commune de....	§ 3 de l'art. 479, et article 480 du Code Pénal.	Trois jours d'emprisonnement. 15 francs d'amende; Confiscation du fusil; 15 fr. de dommages et intérêts. Frais de procès.
2.	Jean-Pierre A..., etc.	Point de partie lésée.	Négligence dans le nétoyage de la voie publique, *en récidive*.	Paris, quartier de......., rue de......., (ou) commune de....	§ 3 de l'art. 471, et article 474 du Code Pénal.	Un jour d'emprisonnement. 5 francs d'amende; Et frais.
3.	....	....	....	....	....	

tribunal de police du canton, (*ou*) de la commune, (*ou*) ville de..., pour être transmis à M. le Procureur du Roi, conformément à l'art: 178 du Code d'Instruction criminelle.

Fait à..., le...

Certificat négatif.

Nous Juge de paix du canton, (*ou*) ville de..., (*ou*) Maire de la commune de...

Certifions que, pendant le... trimestre de l'an..., il n'a été rendu par le tribunal de police de ce canton, (*ou*) de cette commune, (*ou*) ville, aucun jugement portant peine d'emprisonnement.

En foi de quoi j'ai délivré le présent certificat pour être transmis à M. le Procureur du Roi, conformément à l'art. 178 du Code d'Instruction criminelle.

Fait à..., le...

N.º 16.

Procédure en cas de flagrant délit.

1.º *Dénonciation* (1).

L'an mil huit cent..., le..., heure...

Par-devant nous (*indiquer la qualité de l'officier qui reçoit la dénonciation*), officier de police, auxiliaire de M. le Procureur du Roi;

Est comparu le sieur Jacques M... (profession), demeurant...

---

(1) *Voyez* plus loin le modèle de plainte en tête des actes faits sur la réquisition d'un chef de maison.

Les formalités de la dénonciation et de la plainte sont les mêmes dans les cas autres que ceux du flagrant délit ou de la réquisition du chef de maison.

(Ou bien , si la dénonciation est faite par un fondé de procuration), est comparu le sieur Jean L... (profession), demeurant à.., au nom et comme fondé de la procuration spéciale du sieur Jacques M... (profession), demeurant à..., laquelle procuration passée devant M.ᵉ..., notaire à..., le..., est demeurée annexée au présent, *(dans le narré des faits au lieu de faire parler le comparant personnellement, on le fait parler au nom de son commettant)*;

Lequel nous a requis (audit nom, *si la dénonciation est faite par un fondé de procuration*) de recevoir la dénonciation des faits ci-après détaillés, ce que nous avons fait sur la déclaration du comparant, ainsi qu'il suit :

Cette nuit, vers une heure du matin, en rentrant, plus tard que de coutume, j'ai aperçu, de la cour, de la lumière provenant de l'appartement du sieur N..., qui demeure au-dessous de moi dans le même escalier; en passant sur son carré, à l'aide de la lumière donnée par le portier à mon domestique dont j'étais accompagné, j'ai vu que la clef de l'appartement du sieur A..., était à sa porte; craignant qu'il ne lui fût arrivé quelque accident, je suis entré ; à peine avais-je fait quelques pas, qu'au-devant de moi s'est précipité un individu inconnu qui était couvert de sang et qui a voulu se faire faire passage. Mon domestique et moi, nous lui avons barré le chemin, nous avons lutté contre lui en appelant du secours, et à nos cris sont arrivés le portier et plusieurs voisins qui nous ont aidés à nous assurer de cet inconnu. Étant ensuite entrés dans l'appartement du sieur A..., nous l'avons vu dans son lit, percé de coups et rendant les derniers soupirs.

En conséquence, je suis venu sur le champ vous dénoncer l'attentat qui paraît avoir été commis sur sa personne.

Lecture faite au comparant de sa dénonciation, il y a persisté, l'a affirmée sincère et véritable (audit nom, *si le comparant n'est que fondé de procuration*), et l'a signée avec nous à chaque feuillet; (*ou*) interpellé de signer, il a déclaré ne le savoir, et nous avons signé à chaque feuillet.

Si la dénonciation est rédigée par le dénonciateur ou son fondé de pouvoir, elle est faite et reçue dans la forme suivante :

A Monsieur (*indiquer la qualité de l'officier*), officier de police, auxiliaire de M. le Procureur du Roi,

Le sieur Jacques M..., etc..., (*ou*) le sieur Jean L..., au nom et comme fondé de la procuration, etc.,

Expose les faits suivans :

Cette nuit, etc.

Fait à..., le..., an mil huit cent...

(*Signature à chaque feuillet et au bas de la dénonciation.*)

(*L'officier de police met à la suite l'acte suivant :*)

L'an mil huit cent..., le..., heure...

Par-devant nous (*indiquer la qualité de l'officier,*) officier de police, auxiliaire du Procureur du Roi,

Est comparu le sieur Jacques M... etc., (*ou*) le sieur Jean L..., au nom et comme fondé de la procuration, etc.

Lequel nous a remis et déposé la dénonciation ci-dessus, toute rédigée et signée par lui à chaque feuillet; (*ou si le rédacteur ne sait signer*), lequel nous a remis, non signée, la dénonciation ci-dessus, de laquelle sur sa réquisition nous lui avons donné acte.

Lecture à lui faite de cette dénonciation, il y a persisté, l'a affirmée sincère et véritable (*audit nom, si le comparant est un fondé de procuration.*)

Nous avons signé ladite dénonciation à chaque feuillet, et le comparant a signé avec nous le présent dont lecture lui a été préalablement faite. (*Si la plainte a un crime de faux pour objet, on fait signer et parapher, et l'on signe et paraphe de même, à toutes les pages, les pièces arguées de faux, et celles de comparaison que dépose le dénonciateur ou le plaignant, et l'on énonce l'observation de cette formalité.*)

2.° *Procès-verbal.*

L'an mil huit cent..., le..., heure de...

Nous (*exprimer la qualité de l'officier qui procède*), officier de police, auxiliaire de M. le Procureur du Roi;

Instruits par la dénonciation à l'instant faite devant nous par le sieur Jacques M... (*si l'avis vient d'un autre part, on met :*) par la plainte rendue devant nous le..., (*ou*) par l'avis qui nous a été donné, (*ou*) par la voix, (*ou*) clameur publique, qu'un homicide venait de se commettre sur la personne du sieur A..., domicilié dans une maison sise en cette commune, (*ou*) ville, rue... n.°...

Procédant en cas de flagrant délit, conformément aux articles 32 et 48 (*ajouter l'art. 50, quand c'est un Maire, ou un Adjoint de Maire, ou Commissaire de police qui agit*) du Code d'Instruction criminelle;

Nous nous sommes transportés dans ladite maison dont nous avons fait garder l'extérieur et les issues avec défense, à qui que ce soit, de sortir de la maison et de s'éloigner du lieu jusqu'après la clôture de notre procès-verbal, sous les peines de l'art. 34 du même Code.

Montés au premier étage par un escalier à droite au fond de la cour, nous avons été introduits dans un appartement composé de cinq pièces, donnant sur la cour et sur un jardin dépendant de la maison, où nous avons trouvé réunis, 1.º le nommé Jean E..., domestique du sieur A...; 2.º les sieurs Louis G..., et Jean H..., voisins, demeurant dans la maison; 3.º et un individu que l'on nous a désigné comme étant celui arrêté par le sieur Jacques M..., dénonciateur et par son domestique.

Sur notre interpellation cet individu nous a déclaré se nommer Nicolas B..., etc.

Nous l'avons remis entre les mains de la force publique, en recommandant de veiller à ce qu'il ne communiquât avec personne, et ne jetât ou ne détruisit rien de suspect.

En présence, tant de cet individu que des personnes ci-dessus nommées, nous avons constaté le corps du délit et ses circonstances ainsi qu'il suit :

Dans une troisième pièce donnant sur le jardin et servant de chambre à coucher, nous avons vu sur un lit dont les draps, la couverture et les matelas étaient inondés de sang, un cadavre du sexe masculin que le nommé E..., domestique et les sieurs G... et H..., voisins du sieur A..., nous ont déclaré être celui dudit sieur A...

Ce cadavre était couché sur le dos; il était vêtu d'une simple chemise et coiffé d'un bonnet de coton. La chemise et le bonnet sont ensanglantés : la chemise est, de plus, percée de plusieurs trous dans la partie antérieure.

Le sang avait jailli jusque sur la muraille du côté de la ruelle.

Par terre, à peu de distance du lit, était un poignard, teint de sang, à manche de bois d'ébène, dont la lame est de... centimètres de longueur et ne porte aucun nom ou marque de fabricant.

Sur une commode placée à droite en entrant dans la chambre à coucher, était posée une lanterne sourde, toute neuve, en fer-blanc et garnie d'un verre, lequel se cache au moyen d'une plaque de fer-blanc qui se rabat par dessus; dans cette lanterne était un bout de bougie éteint et presque consumé.

Requis par nous de procéder à l'examen des causes de la mort du sieur A..., les sieurs..., docteurs, l'un en médecine, l'autre en chirurgie, ont prêté entre nos mains le serment de faire leur rapport en leur honneur et conscience.

Leur examen terminé, ils nous ont rapporté qu'inspection faite de l'extérieur du cadavre, ils ont reconnu...;

Qu'ouverture faite du cadavre (1), ils ont trouvé...;

Qu'ayant sur notre réquisition rapproché de *telles* et *telles* blessures, les trous faits à la chemise dont est vêtu le défunt, ils ont reconnu que ces coupures correspondaient à ces blessures par leur situation et leur direction, qu'elles avaient la même longueur et étaient faites par le même instrument tranchant;

Qu'ayant également, sur notre réquisition,

---

(1) Ne pas oublier que, d'après la circulaire, l'ouverture ne doit, à moins de mort évidente, se faire qu'après le délai de vingt-quatre heures, et qu'à moins d'urgence, il faut préalablement avertir le Procureur du Roi et attendre ses instructions.

rapproché la lame du poignard trouvé dans la chambre, des blessures faites au défunt et des trous observés à sa chemise, ils ont reconnu que la largeur de la lame était de la longueur des plaies et trous ;

Que d'après toutes ces observations, ils estiment que *telles* et *telles* blessures n'étaient pas mortelles, que *telles* et *telles* étaient essentiellement mortelles et ont causé une mort très-prompte ;

Que *telles* et *telles* blessures, ainsi que les coupures de la chemise, ont été produites par le même instrument tranchant, et que cet instrument est le poignard en question ;

Que le nombre des blessures, et surtout la multitude des écorchures qui se voient au visage et aux mains du défunt, font présumer qu'il a cherché à se défendre contre son assassin.

Nous avons requis les hommes de l'art de visiter l'inculpé arrêté ; ce qu'ayant effectué, ils nous ont rapporté que son visage, ses mains, son habit, son gilet, sa chemise et sa cravatte sont ensanglantés, ce que nous avons nous-même vérifié ; qu'il existe à sa main droite et à son poignet gauche plusieurs écorchures, et à *tels* et *tels* doigts de la même main des traces de morsures ; que ces écorchures et morsures sont tellement récentes, qu'elles sont encore sanguinolentes.

Ce rapport terminé, nous avons observé qu'il n'existait dans les divers objets et meubles de l'appartement aucune effraction ou dérangement qui pût faire présumer qu'on y eût volé ou qu'on eût eu le temps d'y voler.

Voulant constater comment on avait pénétré dans l'appartement, nous avons remarqué qu'il n'existait à la porte d'entrée aucune trace d'effraction.

tion. Une clef était dans la serrure à l'extérieur. Cette clef n'étant ni neuve ni nouvellement limée, et s'ajustant d'ailleurs très-bien à la serrure qui est une serrure de sûreté, nous avons présumé que cette clef était la véritable clef de la serrure.

Instruits qu'une porte qui donne du jardin sur la rue, avait été trouvée entr'ouverte, et présumant que l'assassin était entré par ce côté dans la maison, le jardin n'étant séparé de la cour que par un mur d'appui dans lequel est une porte fermant seulement au loquet, nous nous sommes rendus à la porte de ce jardin par l'extérieur pour ne point effacer ni confondre les empreintes de pas qu'aurait pu laisser l'assassin dans l'intérieur du jardin.

La rue étant pavée, nous n'avons rien vu au dehors; mais dans une des allées qui conduisent intérieurement de la porte du jardin à la maison, nous avons remarqué sur la terre amollie par la pluie qui a tombé hier, des empreintes de pas qui se dirigeaient de la porte à la maison, que ces empreintes, toutes de même grandeur, appartenaient à deux souliers différens, les unes portant l'empreinte de trente clous au talon, les autres ne portant au talon que vingt-huit clous, une empreinte de clou manquant au milieu du talon.

Nous avons fait déchausser Nicolas B..., et nous avons vu que le soulier de son pied gauche s'adaptait parfaitement aux empreintes où se voit la trace de trente clous, et que le soulier de son pied droit s'adapte parfaitement aux empreintes où est la trace de vingt-huit clous, qu'à ce soulier il manque un clou à la même place qu'à ces dernières empreintes (1).

_____

(1) Dans le cas où l'inculpé n'est pas arrêté, on prend la dimen-

Instruction.   9

Nous avons ensuite fait fouiller Nicolas B..., il ne s'est trouvé sur lui qu'un passe-partout que nous avons essayé à la porte du jardin, et qui l'ouvre avec peu de difficulté.

Nous nous sommes transportés dans le domicile de Nicolas B..., rue..., et là, en sa présence, nous avons fait une perquisition dans tous les lieux qui dépendent de sa location, et nous n'y avons rien trouvé, si ce n'est un billet sans signature, portant son adresse, qui était caché derrière la glace, et qui contient ces mots : *Retardez jusqu'à demain soir ; je vous en dirai la raison demain matin, à notre rendez-vous ordinaire.*

Sur notre réquisition, Nicolas B... a signé et paraphé avec nous ce billet, dont nous nous sommes saisis.

D'après l'interrogatoire de Nicolas B..., rédigé séparément du présent procès-verbal, des soupçons graves s'élevant sur Jacques D..., neveu du défunt, nous nous sommes transportés à son domicile, rue.... Cet individu étant absent, nous avons fait ouvrir la porte de son logement par le sieur..., serrurier, rue..., par nous requis ; nous avons fait dans tous les lieux dépendant de la location de D..., une perquisition par l'effet de laquelle nous n'avons rien trouvé de suspect.

Jacques D... ayant été arrêté en vertu de notre mandat d'amener, pendant le cours de nos opérations, immédiatement après son interrogatoire, nous l'avons confronté au cadavre de son oncle, dans le domicile duquel nous étions

---

sion des empreintes des pas avec une feuille de papier qu'on découpe dessus, et avec de l'encre on y figure les empreintes de clous. Cette feuille est comparée avec la chaussure de l'inculpé s'il est arrêté ultérieurement.

retournés. A la vue de ce cadavre, il a pâli et s'est troublé; nous lui avons demandé s'il le reconnaissait, il nous a déclaré, en balbutiant, que c'était celui de son oncle, et que ses assassins étaient bien criminels.

Nous nous sommes emparés, pour servir à conviction, de la chemise, du bonnet de coton, des draps et de la couverture du lit du défunt, du poignard, de la lanterne, de la clef de l'appartement, du passe-partout saisi sur Nicolas B..., de l'habit, du gilet et des souliers de cet inculpé, à qui nous en avons fait prendre d'autres lors de la perquisition faite chez lui, (*ou*) à qui nous en avons fait fournir d'autres par le sieur..., marchand fripier, rue.... (*Dans ce dernier cas, les vêtemens sont payés sur la taxe qui en est faite.*)

L'information et les interrogatoires terminés, nous avons renfermé les objets par nous saisis dans un sac de toile, que nous avons fermé au moyen d'une corde sans nœuds, aux deux bouts de laquelle nous avons adapté une feuille de papier au moyen de cire à cacheter rouge, que nous avons scellée de notre sceau. Sur notre interpellation, B..., inculpé, a signé et paraphé avec nous cette bande de papier. Quant à D..., second inculpé, il a déclaré ne vouloir la signer et parapher, ce dont nous avons fait mention sur ladite bande.

Personne ne pouvant nous donner les renseignemens nécessaires pour la rédaction de l'acte du décès du sieur A..., et étant instruits par le sieur G..., l'un des voisins présens, que l'acte de naissance du sieur A..., était renfermé dans son secrétaire, nous avons ouvert ce meuble à l'aide de la clef que nous avons trouvée dans la poche du pantalon du défunt, et nous avons trouvé, dans un des tiroirs, ledit acte de naissance, duquel il résulte que le sieur A... porte les prénoms de..., et qu'il est né à..., le..., du sieur..., et de la demoiselle..., son épouse.

Les sieurs G... et H... nous ont déclaré que le défunt n'avait jamais été marié, et que ses père et mère étaient décédés sans qu'ils pussent indiquer le lieu ni le temps de leur décès.

Nous avons averti le Juge de paix de cet arrondissement, (*ou*) canton, du décès du sieur A..., à l'effet par lui d'apposer les scellés à la conservation des droits de qui il appartiendra, et à son arrivée nous lui avons remis la clef du secrétaire. (*Si c'est le Juge de paix lui-même qui procède, il appose les scellés immédiatement après avoir constaté le délit, et par un procès-verbal séparé et rédigé selon les formes civiles.*)

Et attendu que Nicolas B... est inculpé d'être auteur de l'assassinat du sieur Jean-Baptiste A...; que Jacques B... est inculpé de s'être rendu complice de ce crime, en provoquant, par promesse, B... à le commettre, et en lui procurant les instructions et moyens de le consommer, nous avons ordonné qu'ils resteront sous la main de la justice en état de mandat d'amener, et nous avons dressé le présent procès-verbal en présence du Maire, (*ou*) de l'Adjoint du Maire, (*ou*) du Commissaire de police, (*ou*) des sieurs..., tous deux domiciliés en cette ville, (*ou*) commune, rue..., par nous requis; (*ou*) sans assistance de témoins, n'ayant pu nous en procurer tout de suite.

Lecture faite du procès-verbal aux inculpés et aux personnes y dénommées, ils l'ont signé à chaque feuillet avec nous, excepté Jean E..., qui a déclaré ne savoir signer, et Jacques D..., qui a refusé de signer, de ce interpellé selon la loi (1).

3.º *Information.*

L'an mil huit cent..., le..., heure de...

Nous (*indiquer la qualité de l'officier qui procède*), officier de police, auxiliaire de M. le Procureur du Roi,

Procédant, en cas de flagrant délit, par suite de notre procès-verbal de ce jour,

Nous avons fait comparaître devant nous, en la maison du sieur A..., rue..., où nous nous étions transportés, les personnes ci-après nommées, à nous indiquées comme pouvant nous donner des renseignemens sur l'homicide du sieur A...; elles nous ont fait successivement et séparément les uns des autres, leurs dépositions ainsi qu'il suit:

1.º Louis D..., âgé de..., domestique au service du sieur M..., demeurant chez son maître, en cette maison, nous a déclaré:

Cette nuit, vers une heure, rentrant avec mon maître, nous avons, de la cour, aperçu de la lumière chez le sieur A..., et trouvé la clef sur sa porte; craignant quelqu'accident; mon maître et moi nous sommes entrés dans son appartement; à peine y avions-nous mis le pied, qu'un individu couvert de sang a voulu se faire passage; nous lui avons barré le chemin;

---

(1) Si les opérations sont telles qu'elles ne puissent se consigner toutes dans le même procès-verbal, il faut dresser un procès-verbal séparé des opérations qui ne peuvent s'y consigner, en observant pour chaque procès-verbal, les mêmes formalités, et en évitant d'y confondre ce qui doit se consigner dans la plainte ou dénonciation, dans l'information et dans les interrogatoires, sauf à compléter ces actes par des actes supplémentaires.

une lutte a eu lieu entre lui et nous ; mais plusieurs voisins étant accourus à nos cris, nous nous sommes assurés de sa personne. Cet individu est celui qui vous a déclaré être Nicolas B... Étant entrés dans la chambre du sieur A..., nous avons vu celui-ci couché dans son lit, et rendant les derniers soupirs.

Lecture à lui faite de sa déclaration, il a dit qu'elle contient vérité, qu'il y persiste, et l'a signée avec nous à chaque feuillet ; (*ou*) a déclaré ne savoir signer, de ce interpellé, et nous avons signé à chaque feuillet (1).

(*Signature du témoin et de l'officier.*)

2.º Jean E..., âgé de..., domestique au service du sieur A..., demeurant en cette maison, chez son maître, nous a déclaré :

Cette nuit, j'ai été réveillé par les cris du sieur M... et de son domestique ; je suis descendu de ma chambre qui est au quatrième étage ; j'ai aidé le sieur M... et son domestique à arrêter Nicolas B..., qui était couvert de sang, et j'ai vu mon maître expirant dans son lit. Tous les soirs j'avais coutume de le déshabiller, et je me retirais dans ma chambre après avoir fermé derrière moi la porte de l'appartement dont mon maître m'avait remis la double clef. Il y a trois jours, ma double clef est disparue. Comme pendant la journée il n'était venu dans la maison que le sieur D..., neveu de mon maître, en qui je ne soupçonnais aucun mauvais dessein, j'ai cru avoir égaré ou perdu la clef, et mon maître m'avait prêté la sienne jusqu'à ce que j'eusse retrouvé la mienne ou qu'il en eût fait faire une autre.

_____

(1) On entend de même les autres personnes qui ont concouru à l'arrestation.

Représentation faite au témoin de la clef trouvée par nous cette nuit à la porte de l'appartement, et du passe-partout saisi sur Nicolas B....;

Le témoin nous a dit reconnaître la clef pour être la double clef qui était disparue; quant au passe-partout, il nous a dit ne l'avoir jamais vu. Sur notre interpellation, il nous a fait voir la véritable clef du jardin, qui était déposée dans sa chambre, et dont il nous a dit être ordinairement le dépositaire.

Lecture, etc.

3.º François R..., âgé de..., marchand de..., demeurant, etc., nous a déclaré :

Il y a trois jours, pendant le cours de la journée, il m'a été acheté, dans ma boutique, une lanterne sourde, par un jeune homme de l'âge d'environ... ans. Ce jeune homme était coiffé de..., vêtu de...; il m'a paru de la taille de..., etc. Je le reconnaîtrais si je le voyais, ainsi que la lanterne que je lui ai vendue.

Représentation faite au témoin de la personne Jacques D..., il a dit qu'il le reconnaissait à sa taille, à ses traits et à ses habits qui sont les mêmes, pour être l'individu dont il vient de nous parler.

Représentation également faite au témoin de la lanterne formant l'une des pièces de conviction,

Le témoin l'a reconnue pour être celle qu'il a vendue à l'individu en question.

Lecture, etc. (1).

_____

(1) Si l'on découvre le marchand qui a vendu le poignard, on l'entend dans sa déposition, et on lui confronte de même l'inculpé. Ce marchand étant en contravention aux lois sur les armes prohibées, on se souviendra que, selon la circulaire, il faut faire chez lui perquisition de toutes armes de cette espèce. Cette opération ne tenant pas essentiellement au fait de l'homicide, le procès-verbal doit être

4.° *Interrogatoires.*

L'an mil huit cent..., le..., heure de...

Nous *(exprimer la qualité de l'officier qui instruit)*, officier de police, auxiliaire de M. le Procureur du Roi;

Procédant, en cas de flagrant délit, par suite de notre procès-verbal de ce jour, dans la maison du sieur A..., rue de..., n°...

Nous avons fait subir, au ci-après nommé, arrêté en ladite maison, l'interrogatoire suivant:

D. Quels sont vos noms, prénoms, âge, profession, domicile, et le lieu de votre naissance?

R. Nicolas B..., etc.

D. Arrêté dans cette maison même, au moment où le sieur A... venait d'y être assassiné, n'êtes-vous pas l'auteur de ce crime?

R. Je ne puis nier l'évidence. J'ai eu le malheur de faire la connaissance du nommé D..., neveu du sieur A..., dans la maison de... où nous allions souvent jouer l'un et l'autre. Le jeu et la dissipation nous ayant ruinés, D... m'a fait entendre que nous pourrions réparer les chances du jeu en assassinant son oncle, qui était fort riche, et dont nous partagerions la fortune, parce qu'il était son seul héritier. Après avoir hésité, j'ai consenti à ce crime, et me suis chargé de le commettre. D... a acheté un poignard et une lanterne sourde qui devaient me servir pour l'exécution de notre dessein. Il y a trois jours,

---

fait par acte distinct, afin que l'on puisse séparer cet acte de la procédure pour traduire le délinquant devant le tribunal correctionnel ; il ne faudrait constater la perquisition par le même procès-verbal, qu'autant que l'on saisirait chez l'individu qui a procuré les armes, des pièces tendant à prouver qu'il savait l'usage qu'on en devait faire, parce que, dans ce cas, il serait complice.

en allant voir son oncle, il s'est furtivement
emparé de la double clef de l'appartement. Antérieurement il avait reconnu qu'un passe-partout
dont il était possesseur, ouvrait la porte du
jardin par laquelle on pouvait entrer dans la
maison. Le crime devait se commettre dans la
précédente nuit; mais le sieur A... étant allé
coucher à la campagne, D... m'a écrit le billet
que vous avez saisi dans mon domicile. Comme
nous évitions de nous trouver ensemble dans
nos deux logemens, je suis allé le voir à... où
nous nous donnions rendez-vous. L'exécution
ayant été définitivement fixée à cette nuit, je me
suis rendu à minuit et demie à la porte du jardin
du sieur A...; à l'aide du passe-partout et de la
double clef, je suis parvenu jusque dans son
appartement; j'ai posé ma lanterne sur la commode; le sieur A... était endormi; je lui ai porté
un premier coup mal assuré. Il s'est réveillé,
s'est défendu, a cherché à se débarrasser de
ma main gauche, avec laquelle je voulais lui
fermer la bouche, et m'a mordu à plusieurs
doigts. J'ai précipité mes coups; j'avais cessé de
frapper, mais remarquant qu'il respirait encore,
j'allais redoubler, lorsque j'ai entendu du bruit.
Je me suis troublé, me souvenant que j'avais
laissé la clef à la porte d'entrée; j'ai jeté le poignard, et j'ai voulu sortir de l'appartement,
espérant qu'étant inconnu, je pourrais échapper
sans danger; mais j'ai été arrêté. Si j'eusse pu
sortir de la maison, j'aurais supprimé les clefs
dont je m'étais servi, je serais rentré chez moi
au moyen du passe-partout de mon allée, et
j'aurais lavé ou détruit celles de mes hardes
qui étaient tachées de sang.

D. Chez quels marchands D... a-t-il acheté la
lanterne et le poignard?

R. Je ne m'en suis pas informé (1).

D. Avez-vous déjà été arrêté ou repris de justice ?

R. Jamais.

Représentation faite à B... de la chemise, etc., (*énumérer ici les pièces de conviction*), il a reconnu la chemise et le bonnet de coton pour être ceux dont était vêtu et coiffé le sieur A... au moment de l'homicide ; les draps et la couverture pour être ceux dont était garni son lit au même instant, la lanterne, la clef, le passe-partout et le poignard pour lui avoir servi à commettre le crime, comme il vient de nous l'expliquer ; l'habit, le gilet et les souliers pour lui appartenir à lui-même (2).

Lecture faite de son interrogatoire, il a dit que ses réponses contiennent vérité ; il y a persisté, et a signé à chaque feuillet avec nous ; (*ou*) interpellé de signer, il a déclaré ne le savoir, et nous avons signé à chaque feuillet.

Et le même jour, à.... heure...., étant dans ladite maison, nous avons fait subir l'interrogatoire suivant à D..., arrêté en vertu de notre mandat d'amener de ce jour (3).

D. Quels sont vos noms ? etc.

R. Jacques D....

D. N'êtes-vous pas neveu du sieur A....?

---

(1) Quand un des inculpés fait des aveux, et que les complices qu'il désigne ne sont pas arrêtés, on se fait donner par lui, et on consigne dans ses interrogatoires, le signalement de leurs personnes et de leurs vêtemens, comme le recommande la circulaire.

(2) Quand le prévenu, absent au moment où a été constaté le délit, n'a pas déjà signé et paraphé les bandes de papier adaptées aux pièces de conviction, on l'interpelle de les signer et parapher lors de l'interrogatoire.

(3) Pour plus de commodité, et afin de pouvoir insérer dans les interrogatoires les interpellations et réponses au fur et à mesure de l'instruction, on rédige chaque interrogatoire sur un cahier séparé.

R. Oui, je suis son neveu par ma mère.

D. N'êtes-vous pas aussi son présomptif héritier?

R. Oui.

D. Depuis combien de temps êtes-vous allé le voir ?

R. Je ne l'ai pas vu depuis huit jours.

D. N'êtes-vous pas allé, au contraire, le voir il y a trois jours ?

R. Non.

D. Savez-vous si votre oncle s'est absenté avant-hier, après votre visite.

R. Je n'en suis rien.

D. Cependant je suis instruit que vous avez parlé à quelqu'un de son absence ?

R. Cela n'est pas.

D. Qu'avez-vous fait hier?

R. Rien, je me suis promené.

D. N'avez-vous pas donné un rendez-vous à quelqu'un ?

R. Non, Monsieur.

D. Ne fréquentez-vous pas la maison de..., rue...?

R. J'y vais quelquefois.

D. N'y avez-vous pas souvent joué ?

R. Je n'y ai joué que rarement.

D. Connaissez-vous un sieur Nicolas B...?

R. Non.

D. Cependant il fréquente la même maison.

R. C'est possible.

D. Je suis instruit que vous lui avez écrit?

R. Cela est faux.

D. Avant votre arrestation, saviez-vous que votre oncle avait été assassiné ?

R. Non.

D. Je vous fais observer que Nicolas B..., arrêté en flagrant délit au moment de cet assassinat, vous accuse de l'avoir provoqué et de lui avoir donné les moyens de commettre ce crime ?

R. Il ne dit pas la vérité.

D. Ses aveux sont très-probables, en ce que ne connaissant pas les êtres, il n'a pu commettre ce crime qu'avec des instructions, et en ce que, d'ailleurs, c'est avec la véritable clef qu'il s'est introduit dans l'appartement?

R. Ce n'est pas par moi que les instructions lui ont été données et la clef remise.

D. Non-seulement il vous accuse, mais encore vous avez été reconnu par le marchand qui vous a vendu la lanterne dont s'est éclairé l'assassin; avant de vous voir, ce marchand avait exactement signalé votre taille, vos traits et vos habits, choses qu'il n'aurait pu connaître s'il ne vous avait vu?

R. Ce marchand se trompe.

D. Reconnaissez-vous, pour l'avoir écrit, ce billet adressé à B..., et contenant ces mots, etc.?

R. Non.

D. Voulez-vous signer et parapher ce billet?

R. Cela n'est pas nécessaire.

Jacques D... ayant refusé de signer et parapher cette pièce, nous l'avons signée et paraphée devant lui.

En ce moment nous avons fait comparaître devant Jacques D... le nommé Nicolas B...; ce dernier a reconnu D... pour être l'individu dont il a parlé dans ses aveux; il a réitéré ces mêmes aveux en présence de D..., et a persisté à soutenir qu'ils étaient sincères.

Jacques D..., d'abord déconcerté et interdit, n'a pas répondu; mais ensuite il a soutenu que tout ce que disait B... était faux (1).

_____

(1) Si la confrontation contient de nouveaux aveux ou des explications essentielles entre les prévenus confrontés, l'officier de police judiciaire les consigne soigneusement.

Nous avons représenté à Jacques D... la lanterne, etc. *(énumérer ici les pièces de conviction)*,
et D... nous a dit qu'il ne connaissait pas ces
objets (1).

D. Avez-vous déjà été arrêté ou repris de
justice ?

R. Jamais.

Lecture faite à D... et à B... de l'interrogatoire et de la confrontation ci-dessus, chacun
d'eux a persisté dans ses réponses; B... a signé
avec nous à chaque feuillet, et D... a refusé
de signer, de ce interpellé, selon la loi.

N.° 17.

Procédure en cas de réquisition de chef de maison.

1.° *Plainte* (2).

L'an mil huit cent..., le..., heure...

Par-devant nous *(indiquer la qualité de l'officier qui reçoit la plainte)*, officier de police,
auxiliaire de M. le Pro reur du Roi;

Est comparu le sieur Louis N... (profession),
demeurant... (3).

Lequel nous a requis de recevoir la plainte
des faits ci-après détaillés, ce que nous avons fait
sur la déclaration du comparant, ainsi qu'il suit;

Il y a huit jours, je me suis absenté de mon
domicile avec ma famille. Je suis parti le der-

---

(1) Ajouter l'interpellation de signer et parapher les bandes de
papier apposées aux pièces de conviction, si fait n'a été.

(2) *Voyez* plus haut le modèle de dénonciation en tête des actes
faits en flagrant délit.

(3) Lorsque la plainte est présentée toute rédigée, ou qu'elle est
rendue par un fondé de procuration, on suit en tout le modèle de
dénonciation donné plus haut, excepté qu'au mot *dénonciation* on
substitue celui de *plainte*.

nier, et en partant j'ai fermé à double tour la porte de mon appartement. Aujourd'hui à mon retour, je me suis aperçu que ma serrure n'était plus fermée qu'au pêne. Entré dans mon appartement, j'ai vu que tout était bouleversé, que mes armoires, auxquelles j'avais laissé les clefs, étaient ouvertes et presque vides, que mon secrétaire était forcé.

Un examen rapide a fait reconnaître qu'on m'avait volé dans mon secrétaire... pièces de 20 francs, et... pièces de 5 francs, et dans mes armoires, meubles et autres endroits de mon appartement, tels et tels objets. (*Les désigner bien exactement, en n'omettant pas les marques de l'argenterie et du linge, ainsi que les marques accidentelles qui pourraient faciliter la découverte et la reconnaissance de certains objets.*)

Je suis sûr d'avoir fermé ma porte à double tour, parce qu'en partant, étant accompagné du sieur M..., mon ami, j'ai remonté mon escalier avec lui pour mieux m'assurer que j'avais bien fermé ma porte.

J'avais aussi fermé toutes les fenêtres et les volets, et cependant, en rentrant, j'ai trouvé ouverte une fenêtre donnant sur la rue.

Le vol paraissait avoir été commis par une personne qui connaissait les êtres de la maison, et qui savait que j'étais absent, mes soupçons ne peuvent tomber que sur le nommé François, commissionnaire, que j'employais quelquefois, et qui est venu chez moi le jour même de mon départ. Cet homme est de la taille, etc. (*Signaler sa personne et ses vêtemens.*)

Lecture faite au comparant de sa plainte, il y a persisté, l'a affirmée sincère et véritable, et l'a signée avec nous à chaque feuillet; (*ou*) interpellé de signer, il a déclaré ne le savoir, et nous avons signé à chaque feuillet.

2.º *Procès-verbal.*

L'an mil huit cent..., le..., heure...

Nous *(exprimer la qualité de l'officier qui procède)*, officier de police, auxiliaire de M. le Procureur du Roi;

Procédant sur la réquisition du sieur Louis N..., plaignant, en vertu des articles 32, 46 et 49 *(ajouter l'article* 50 *quand c'est un Maire, ou un Adjoint ou un Commissaire de police qui agit)* du Code d'Instruction criminelle;

Nous nous sommes transportés dans une maison sise en cette commune, *(ou)* ville, rue..., nº... (1).

Nous avons été introduits par le sieur N..., plaignant, dans son appartement sis au premier étage, composé de six pièces, et donnant partie sur la rue et partie sur la cour.

Nous y avons vu que toutes les armoires étaient ouvertes et presque vides; que le peu d'objets qui y restaient, étaient bouleversés; que le même dérangement se faisait remarquer dans toutes les parties de l'appartement, où l'on voyait des effets jetés çà et là.

Le battant qui servait à fermer la partie haute du secrétaire placé dans le cabinet du sieur N... était ouvert et la serrure brisée; nous avons reconnu qu'on avait ouvert ce battant au moyen de diverses pesées faites près de la serrure et aux deux côtés du battant.

Dans ce même cabinet, il s'est trouvé un long

(1) Si cela est utile, on défend, comme en flagrant délit, de sortir ou de s'éloigner des lieux où l'on opère.

morceau de fer plat, formant pince par le bout, et que le sieur N... a dit ne pas provenir de chez lui. Rapproché des pesées par le bout formant pince, ce morceau de fer s'est trouvé de la même largeur que les pesées, et s'y est adapté. Présumant en conséquence que cet instrument avait servi à effectuer l'effraction du secrétaire, nous nous en sommes saisis.

Nous avons observé qu'une des fenêtres du salon, du côté de la cheminée, était ouverte.

Examen fait de cette fenêtre, ainsi que des autres fenêtres, et particulièrement de la porte d'entrée, nous n'y avons trouvé aucune trace d'effraction.

Ressortis de l'appartement, nous avons vu que la maison dont il fait partie, forme l'encoignure des rues..., que le devant du bâtiment donne sur la rue de..., et le derrière sur la cour qui en dépend et qui est entourée par des cours et bâtimens voisins, excepté du côté de la rue..., dont cette cour est séparée par un mur élevé de...

Vers le milieu de ce mur, nous avons aperçu au chaperon des dégradations récentes, par l'effet desquelles des plâtras étaient tombés dans la cour et dans la rue ; le mur étant peu élevé, vieux et rempli de trous, il nous a paru très-facile de l'escalader. La cour et la rue étant pavées, nous n'y avons aperçu aucune empreinte de pas (1).

D'après ces diverses observations, nous avons conjecturé que le voleur ou les voleurs s'étaient introduits dans la cour en escaladant le mur, qu'ils avaient pénétré dans l'appartement à l'aide d'une fausse clef, crochet ou rossignol ; que de

---

(1) *Voyez* au modèle de procès-verbal dressé en flagrant délit, ce qui concerne les empreintes de pas.

l'intérieur

l'intérieur ils avaient ouvert la fenêtre du salon, et descendu ou jeté par cette fenêtre des effets volés qui, probablement, avaient été reçus en bas par des complices.

Le sieur François E..., orfèvre, entendu comme témoin, nous ayant déposé six couverts et une cuiller à ragoût, en argent, nous avons représenté ces objets au sieur N..., plaignant, il les a reconnus pour faire partie des objets qui lui ont été volés, et contenir sa marque.

Nous avons, en effet, observé que chacune de ces pièces d'argenterie est marquée des lettres initiales L. N.

Par suite de nos informations, nous nous sommes transportés dans une maison sise en cette commune, (ou) ville, rue..., n°..., où étant arrivés, nous avons été conduits à un logement situé au quatrième étage, et dont la porte nous a été ouverte par la nommée Marie-Anne R.... Après lui avoir déclaré quel était l'objet de notre transport, nous avons fait dans son logement une perquisition très-exacte sans avoir rien trouvé de suspect. Pendant le cours de notre perquisition, nous avons observé que la fille R... s'était emparé d'une clef qu'elle a cherché à cacher; nous avons vu que cette clef était vieille, mais récemment limée; nous nous en sommes emparés, et l'ayant essayée en présence de Marie-Anne R..., à la porte de l'appartement du sieur N..., plaignant, chez lequel nous sommes retournés, nous avons reconnu qu'elle ouvrait très-facilement la serrure de cette porte.

Par suite de l'interrogatoire subi par ladite R..., nous nous sommes transportés dans une boutique dépendant d'une maison sise en cette commune, (ou) ville, rue..., n°..., et occupée par le

nommé François T..., marchand revendeur.
Après avoir déclaré à T... le sujet de notre
transport, nous avons fait, dans cette boutique
et ses dépendances, une perquisition exacte,
mais nous n'y avons rien trouvé.

T... nous avait déclaré n'occuper aucun autre
lieu dans la maison; mais ayant appris qu'il dé-
pendait de sa location une petite chambre séparée
et située au fond de la cour, nous nous sommes
rendus dans cette chambre, et y ayant fait perquisition en présence de T..., nous y avons
trouvé tels et tels effets (*les espécifier*), que
le sieur N..., plaignant, dont nous nous étions fait
accompagner, a reconnus pour faire partie du
vol effectué chez lui, et dont nous nous sommes emparés.

Nous avons sommé T... de nous représenter
son registre de police; ce qu'ayant fait, nous n'y
avons trouvé inscrit aucun des objets saisis, et
nous avons vu qu'il n'avait pas été visé depuis
plus de... mois.

En examinant les objets saisis, nous avons
reconnu que telles et telles pièces de linge étaient
déjà démarquées, et que telles et telles autres
étaient encore marquées d'une marque que le
sieur N..., plaignant, a reconnue pour être la
sienne.

Pour servir de pièces de comparaison, tant des
objets démarqués, que de ceux qui sont encore
marqués, le sieur N... nous a représenté et déposé
tels et tels objets que nous avons reconnus pour
être de même toile, de même couleur, de même
dessin et de même grandeur que tels et tels
objets saisis, etc. (*Constater ici toutes les res-
semblances et annexer les pièces de comparaison.*)

Pour ne pas confondre les pièces de compa-

raison produites par le sieur N..., nous les avons
liées ensemble avec une ficelle sans nœuds, aux
deux bouts de laquelle nous avons adapté une
bande de papier au moyen de cire rouge, que
nous avons scellée de notre sceau. Sur notre
interpellation de signer et de parapher cette
bande, l'inculpée R... a déclaré ne savoir signer,
ce dont nous avons fait mention sur ladite bande
que nous avons signée et paraphée avec l'inculpé T...

Nos opérations terminées, nous avons renfermé, dans un sac, les pièces de comparaison,
le morceau de fer trouvé dans le domicile du
sieur N..., les pièces d'argenterie déposées par
le sieur E..., orfèvre, la clef saisie sur la fille
R..., et les effets saisis chez T...; nous avons
fermé ce sac avec une corde sans nœuds à laquelle nous avons adapté une bande de papier,
que nous avons scellée de la même manière que
celle appliquée à la ficelle dont sont liées les
pièces de comparaison ci-dessus énoncées. La
bande de papier a été signée et paraphée par
l'inculpé T... et par nous, et mention y a été
faite de la cause du défaut de signature de la
part de l'inculpée R...

Attendu que L..., dit François, est inculpé
d'être auteur d'un vol commis à l'aide d'escalade
de clôtures extérieures, de fausse clef et d'effraction intérieure, la nuit, dans une maison habitée; que G... est inculpé d'avoir procuré à L...
le moyen de commettre ce vol en ajustant lui-
même la fausse clef et en la lui remettant, et
de l'avoir en outre aidé et assisté dans les faits
qui ont consommé le vol; que la fille R... est
inculpée d'avoir sciemment recélé une partie des
effets volés, et que T... est inculpé d'avoir acheté

sciemment une autre partie de ces effets; attendu
que L... et G... n'ont pu être encore arrêtés
sur notre mandat d'amener; nous avons ordonné
que, etc. (*Voyez la clôture du modèle de procès-
verbal dressé en flagrant délit, et l'observation
qui la termine.*)

3.° *Information.*

L'an mil huit cent..., le..., heure de...

Par-devant nous (*exprimer la qualité de l'officier*), officier de police, auxiliaire de M. le Procureur du Roi;

Procédant sur la réquisition du sieur N..., chef
de maison, par suite de notre procès-verbal de
ce jour,

Sont comparus en la maison dudit sieur N...,
rue..., n.°..., où nous nous étions transportés, les
personnes ci-après nommées, à nous indiquées
comme pouvant nous donner des renseignemens
sur un vol commis en ladite maison; elles nous
ont fait, successivement et séparément les unes
des autres, leurs dépositions, ainsi qu'il suit :

1.° Jacques B..., âgé de..., portier de la maison où nous sommes, y demeurant, nous a
déclarés.

Je ne sais rien du vol commis chez le sieur
N..., si ce n'est que le lendemain du départ de ce
locataire pour la campagne, j'ai vu que l'une des
fenêtres de son salon, donnant sur la rue, était
ouverte : ne soupçonnant pas de vol, et présumant seulement un oubli, j'ai fait part de cette
circonstance au propriétaire de la maison, qui a
dû écrire au sieur N... pour le prévenir.

Lecture faite de sa déclaration, il a dit qu'elle
contient vérité, qu'il y persiste, et l'a signée
avec nous à chaque feuillet; (*ou*) a déclaré ne

savoir signer, de ce interpellé, et nous avons.
signé à chaque feuillet.

2.º Joseph M..., âgé de... (profession), demeurant, etc., nous a déclaré :

J'accompagnais le sieur N..., il y a huit jours,
lorsqu'il a quitté son domicile pour aller rejoin-
dre sa famille à la campagne. Il a fermé, devant,
moi, sa porte à double tour ; pour être certain
qu'il l'avait fermée, il a remonté l'escalier ; je
l'ai suivi, et j'ai vu, par la vérification qu'il a
faite, que la porte était en effet exactement.
fermée à double tour.

Lecture , etc.

3.º François E..., âgé de..., orfèvre, demeurant en cette ville, (*ou*) commune, rue..., nº...,
nous a déclaré :

Ce matin, une femme à moi inconnue, et qui
s'est donné le nom de Marie-Anne R..., est venue.
me proposer et acheter six couverts et une grande cuiller à ragoût, en argent, qu'elle a dit être.
dans la nécessité de vendre. Cette femme m'ayant
paru suspecte, je lui ai déclaré que je n'ache-
terais ces pièces d'argenterie que quand elle.
m'aurait amené un répondant, et que jusque là.
je les garderais. Pendant qu'elle insistait auprès
de ma femme pour que je lui remisse l'argenterie, j'ai secrètement donné ordre au sieur...,
l'un de mes ouvriers, de sortir et de suivre cette
femme quand elle sortirait elle-même. Le sieur...,
à son retour, m'a dit que cette femme était entrée dans une maison située rue..., n.º.... Je me
suis de suite rendu à votre demeure, d'où l'on
m'a envoyé dans cette maison, en me disant que
vous y informiez sur un vol (1).

_____

(1) Si cela est nécessaire, on se fait donner par le témoin et
l'on consigne le signalement de l'inculpé et de ses habits.

Je représente et dépose en vos mains les pièces d'argenterie en question.

Lecture, etc. (1).

4.° *Interrogatoires.*

L'an mil huit cent..., le..., heure de...

Nous (*exprimer la qualité de l'officier*) procédant sur la perquisition du sieur N..., par suite de notre procès-verbal de ce jour,

Nous avons fait subir à la ci-après nommée, dans son domicile, où nous nous étions transportés, l'interrogatoire suivant :

D. Quels sont vos noms, prénoms, âge, profession, demeure, et le lieu de votre naissance ?

R. Marie-Anne R..., née à..., âgée de..., (profession), demeurant en cette commune, (*ou*) ville, rue..., n.°...

D. Ce matin, n'avez-vous pas offert à un orfèvre de la rue..., de lui vendre six couverts et une cuiller à ragoût, en argent?

R. Oui, Monsieur.

D. D'où vous provient cette argenterie?

R. Elle m'appartient depuis long-temps.

D. Vous ne paraissez pas avoir assez de moyens pour posséder de tels objets?

R. Ils sont cependant à moi.

D. Par quel hasard cette argenterie porte-t-elle la marque du sieur N..., qui déclare qu'elle lui a été volée depuis huit jours?

R. C'est à tort qu'il la reconnaît pour être à lui, je l'ai achetée.

---

(1) On entend en leurs dépositions les personnes de la maison de l'orfèvre et l'ouvrier qui a suivi la femme, et s'il est nécessaire, on la leur confronte.

On entend de même les personnes indiquées par le plaignant comme pouvant reconnaître les objets volés, et on leur représente cet objet, ce dont il est fait mention.

D. Pourquoi avez-vous essayé de cacher la clef que j'ai saisie lors de notre perquisition chez vous ?

R. Cette clef appartient à François L..., dit François, commissionnaire, avec lequel je vis, et je voulais la serrer à sa place, de peur qu'il ne la cherchât.

D. Comment se fait-il que cette clef ouvre la porte de l'appartement de M. N...?

R. Je n'en sais rien.

D. Plutôt que de résister à l'évidence, vous devriez dire la vérité ?

R. Je vais tout vous avouer. L..., dit François, était quelquefois employé à faire les commissions du sieur N... Il a fait connaissance d'un nommé G..., ouvrier serrurier, dont j'ignore la demeure. G... lui a suggéré de profiter de l'absence du sieur N... pour le voler; L... a eu la faiblesse d'y consentir. En allant chez le sieur N..., il a furtivement pris l'empreinte de la clef de la porte de l'appartement, et G..., a, d'après cette empreinte, limé et disposé une vieille clef dans notre logement même. L... et G... se sont abouchés avec T..., brocanteur, rue..., que G... connaissait pour acheter des effets volés, mais que je n'ai jamais vu. Dans la nuit même du départ du sieur N..., L... et G... sont sortis ensemble; L..., qui connaissait les êtres, s'est chargé d'entrer dans l'appartement. Il a escaladé le mur de la cour et est monté dans l'appartement, qu'il a ouvert avec la clef limée par G... Il s'était muni d'un briquet, et a allumé de la chandelle qu'il a trouvée dans l'appartement. G... s'était placé au-dessous d'une des fenêtres dans la rue : L... lui a jeté ou a descendu les paquets par cette fenêtre. Ils ont de suite porté le tout au brocanteur T..., qui le leur a acheté moyennant la somme de..., excepté l'argenterie qu'ils ont rapportée, parce qu'il ne leur en a offert que... Ils sont rentrés tous les deux dans notre logement à quatre heures du matin ; ils y ont passé le reste de la nuit, et c'est alors qu'ils m'ont raconté les détails du vol, et qu'ils m'ont chargé de vendre l'argenterie, ne voulant pas paraître eux-mêmes. Avant ce matin, je l'avais déjà proposée à plusieurs orfèvres qui, ne me connaissant pas, n'avaient pas voulu l'acheter.

D. Quels sont les signalemens de L... et de G..., et comment ces individus sont-ils habillés ?

R. L... est de la taille de..., etc., et G... de la taille..., etc.

Représentation faite à la fille R... des pièces à conviction (*les énumérer*), elle a dit ne reconnaître que l'argenterie et la clef dont elle vient de nous parler, et ignorer comment L... et G... s'étaient procuré la barre de fer.

D. Avez-vous déjà été arrêtée ou reprise de justice ?

R. J'ai été condamnée, il y a un an, pour vol, par le tribunal correctionnel de... à la peine de...

Lecture faite à Marie-Anne R... de son interrogatoire, elle a déclaré que ses réponses contiennent vérité, y a persisté, et a signé avec nous à chaque feuillet ; (*ou*) a déclaré ne savoir signer, et nous avons signé à chaque feuillet.

Et le même jour nous avons fait subir, au ci-après nommé, l'interrogatoire suivant, dans son domicile, où nous nous étions transportés (1).

_____

(1) *Voyez* à la suite du modèle d'interrogatoire en flagrant délit, l'observation relative à la faculté de mettre chaque interrogatoire sur un cahier séparé.

D. Quels sont vos noms, etc.?

R. François T..., etc.

D. D'où vous proviennent les objets que je viens de saisir chez vous?

R. Je les ai achetés en divers temps et à plusieurs personnes.

D. Pouvez-vous préciser les époques de ces achats, et nous indiquer les vendeurs?

R. Le dernier achat remonte au moins à un mois; les vendeurs me sont inconnus.

D. Pourquoi n'avez-vous pas inscrit ces effets, conformément aux ordonnances, sur votre registre de police?

R. J'ai eu tort.

D. Est-ce le jour ou la nuit que vous avez acheté ces objets?

R. C'est le jour, je n'achète rien la nuit.

D. Connaissez-vous le nommé L..., dit François?

R. Non.

D. Connaissez-vous le nommé G...?

R. Pas davantage.

D. Je suis cependant instruit que c'est de ces deux individus que vous avez nuitamment acheté, il y a sept jours, les objets en question?

R. Cela est faux.

D. La preuve que vous ne les possédez pas depuis le temps que vous le dites, c'est qu'ils n'ont été volés chez le sieur N..., rue..., que depuis sept jours?

R. Peut-être me suis-je trompé sur l'époque de mes achats.

Représentation faite à T... des pièces à conviction (*les énumérer*), il nous a déclaré ne reconnaître que les objets saisis chez lui.

D. Avez-vous déjà été arrêté ou repris de justice?

R. J'ai été condamné le... à l'amende par le

tribunal correctionnel, pour inexactitude dans la tenue de mon livre de police.

Lecture, etc.

N.º 18.

Mandat d'amener décerné en cas de flagrant délit, ou de fait assimilé au flagrant délit.

Nous *(exprimer la qualité de l'officier qui décerne le mandat)*, officier de police, auxiliaire de M. le Procureur du Roi;

En vertu de l'article 40 du Code d'Instruction criminelle ;

Mandons et ordonnons à tous huissiers ou agens de la force publique d'amener par-devant nous, en se conformant à la loi, le nommé Pierre N..., né à..., âgé de... ans... (profession), demeurant à..., rue..., nº...

Signalement.

Taille de..., cheveux..., sourcils..., front..., yeux..., nez..., bouche..., menton..., visage..., cicatrice, (*ou*) signe..., coiffé de..., vêtu de..., chaussé de...,

Requérons tous dépositaires de la force publique de prêter main-forte, en cas de nécessité, pour l'exécution du présent mandat.

A l'effet de quoi nous l'avons signé et scellé de notre sceau.

Fait à..., le..., an...

(*Signature et sceau.*)

Procès-verbal dressé par le porteur du mandat d'amener.

Notifié le mandat d'amener ci-dessus, par moi

(*exprimer la qualité du porteur*), à Pierrs N..., trouvé (*désigner le lieu*)..., auquel j'en ai fait l'exhibition et délivré copie, en m'assurant de sa personne pour être conduite devant (*indiquer l'officier qui a décerné le mandat*), dont acte.

(*Signature.*)

(*Si l'inculpé refuse d'obéir, le porteur pro-cède ainsi :*)

(*Après ces mots*, AUQUEL J'EN AI DÉLIVRÉ COPIE, *il ajoute :*) Ledit..., sur la réquisition que je lui ai faite de me suivre, m'a répondu qu'il ne voulait pas obéir audit mandat. Je lui ai vaine-ment représenté que sa résistance était illégale, qu'il ne pouvait se dispenser d'obéir au mande-ment de la Justice, et qu'il m'obligeait à user des moyens de force que la loi m'autorisait à employer. Ledit... s'étant obstiné à refuser d'o-béir au mandat, (*on*) après avoir déclaré qu'il était prêt d'obéir, ayant tenté de s'évader, je l'ai saisi et appréhendé au corps, assisté de (*indiquer les noms des agens de la force publi-que*), qui m'accompagnaient, (*on*) dont j'ai requis l'assistance ; j'ai conduit ledit... devant (*désigner le fonctionnaire qui a délivré le man-dat*), et j'ai dressé le présent procès-verbal, qui a été signé de moi et de..., assistans, (*on*) de moi seul, les sieurs..., assistans ayant déclaré ne savoir signer, de ce interpellés.

BULLETIN *contenant l'avis d'un crime ou délit, donné à* M. *le Procureur du Roi, conformément à l'article 29 du Code d'Instruction criminelle.*

N.°   Quartier (*ou*) Commune de...   Arrondissement judiciaire.

Nature du crime ou délit.	Jour, heure, lieu, quartier, (*ou*) commune où le crime ou délit a été commis.	Noms, prénoms, âgé, profession et demeure du prévenu ou des prévenus.	Mention de l'arrestation, ou signalement en cas de non-arrestation.	Noms, prénoms, profession et demeure de la personne lésée.	A quelle heure et comment le crime ou le délit a été connu de celui qui envoie le Bulletin.
Vol d'une somme de... ou d'effets, avec effraction intérieure ou extérieure, la nuit dans une maison habitée, et par plusieurs individus.	Nuit du 19 au 20 du mois de.., vers... heure..., rue..., quartier (*ou*) commune de...	1.° Pierre N..., né à..., âgé de.., (profession), demeurant à..., rue... (*ou*) commune de... 2.° Jacques P..., (profession), demeurant à..., âge et lieu de naissance inconnus. 3.° Un troisième individu inconnu.	Arrêté. Non arrêté; taille de..., cheveux..., visage..., front..., yeux..., nez..., bouche....., menton..., marqué de petite vérole, cicatrice..., coiffé d'un chapeau..., habit.., veste..., pantalon..., bas... (*ou*) bottes. Non arrêté, signalement inconnu.	Le sieur L..., (profession), demeurant à..., rue... (*ou*) commune de...	Aujourd'hui à..... heure, par la réquisition (*ou*) la plainte de la personne lésée ; (*ou*) par la dénonciation du sieur G.. (profession), demeurant à..., (*ou*) par la notoriété (*ou*) clameur publique. (*Ou s'il s'agit d'une infraction aux lois forestières, constatée par un procès-verbal des gardes forestiers de l'administration, des communes ou des établissemens publics,* par l'affirmation reçue ce-jourd'hui, du procès-verbal dressé le... par..., garde forestier de....)

canton de..., (*ou*) Maire, (*ou*) Adjoint du Maire, (*ou*) Commissaire de police de la commune de..., (*ou*) du quartier de....

Fait à..., le..., heure de....

(Signature.)

TABLE DES MATIÈRES

DE

L'INSTRUCTION DU PROCUREUR DU ROI.

www.ingramcontent.com/pod-product-compliance
Lightning Source LLC
Chambersburg PA
CBHW072149270326
41931CB00010B/1940